하나님의 기적
대한민국 건국

이호 지음

| 목차 |

제6장 대한민국의 개혁, 자유와 번영의 조건
대한민국 승인 외교 / 11
인간 해방을 위한 토지 개혁 / 16
토지 개혁에 대한 다양한 해석 / 24
'한강의 기적'을 낳은 교육 혁명 / 29
기독교의 확산, 동양 최초의 예수교 국가 / 37
대한민국 발전의 비결 / 44

제7장 한국전쟁과 '국민'의 탄생
전쟁 이전, 눈물겨운 노력들 / 53
전쟁의 발발과 미국의 참전 / 62
대한민국의 항전의지(抗戰意志) / 67
한국 전쟁의 신학적 해석 / 71
기도로 싸운 전쟁 / 78
6·25와 국민의 탄생 / 81
시로 읊은 전쟁의 풍경 / 85

제8장 한미 동맹, 한반도 평화의 조건
　반공 포로 석방, 이승만의 결단 / 91
　반공포로 석방 발표문 / 98
　각서 한 장으로 평화와 번영을 약속받다 / 103
　이승만 – 덜레스 회담과 한미 상호 방위조약 / 107
　닉슨, 이승만에게 한 수 배우다 / 112
　이승만의 미국 방문, 그 당당함에 관하여 / 119
　미국 대통령에게, 저런 고얀 사람이… / 123
　약소국에게 가장 유리한 조건, 한미 동맹 / 126

제9장 4·19 혁명과 영웅의 퇴장
　비극의 시작, 1954년 / 133
　무르익어가는 혁명의 기운 / 138
　부정의 종합 세트, 3.15 선거 / 141
　이승만 정권의 최후 / 145
　4·19를 어떻게 볼 것인가? / 150
　하와이 유폐, 그리고 최후 / 155

닫는 말　/ 162

　참고문헌 / 173
　참고자료 / 175

부록: 이승만 관련 애국 설교모음

2012년 대선, 어떻게 볼 것인가 / 181
불타는 가시 덤불, 그 영원한 상징 / 197
누가 전쟁에서 이기는가? / 213
기도로 승인 받은 나라 / 227

제 6 장

대한민국의 개혁,
자유와 번영의 조건

▲ 독립운동 시절 이승만이 세운 하와이 한인학원. 우리 역사 최초의 남녀공학 학교였다. 교육 혁명가 이승만은 대통령이 된 후, 의무교육제와 문맹퇴치 운동을 통해 5천년 역사상 최초로 대부분의 국민들이 글자를 읽을 수 있는 나라를 만들었다. 그것은 지식강국 코리아의 기초였다.

제 **6** 장

대한민국의 개혁, 자유와 번영의 조건

대한민국 승인 외교

건국 이후 대한민국을 승인한 나라는 없었다. 미국도 유엔 총회의 결과를 보아가면서 승인하고자 했다. 최초로 한국에 부임한 존 무초도 "미국 대사"가 아닌 "미국 대표"였다. 이승만 대통령의 최우선 과제는 1948년 9월 21일에 프랑스 파리에서 시작된 제 2차 유엔 총회에서 대한민국이 정식으로 승인받는 일이었다.

전망은 불투명했다. 소련이 주도하는 공산권 블록은 당연히 반대하는 입장이었다. 영국을 중심으로 한 영연방 블록도 반대하는 분위기였다. 구한말에서 대한민국 건국 초기까지의 역사를 들추어보면, 영국이라는 나라에 다소 유감을 갖게 된다.

러일 전쟁에서 일본을 전폭적으로 지원한 것은 물론, 6·25 전쟁에서도 한국을 포기하자고 미국에 압력을 가하기도 했다. 미국이 우리 임시 정부의 승인을 끝까지 거절한 이유 가운데 하나도 아시아에서 식민지를 거느리고 있는 영국의 입장을 의식해서였다.

건국 이후 국회의원들의 발언을 보면, 영국을 성토한 대목도 있다. 그러나 6·25 전쟁 때 영국을 위시한 영연방 국가들이 이 나라를 살리기 위해 피를 흘린 것은 분명 고마운 일이기도 하다. 세상사에는 이렇게 양면(兩面)이 있기 마련이다.

이승만 대통령은 유엔 총회에 참석할 한국 대표단의 단장에 장면(張勉)을 임명했다. 당시에 이미 명성을 떨치고 있던 조병옥(趙炳玉)이 아니라, 상대적으로 무명(無名)인 장면이 단장으로 발탁된 것에는 여러 가지 해석이 있다.

술을 좋아하고 성격이 호탕한 조병옥이 실수할 것을 이대통령이 염려했기 때문이라고도 한다. 동시에 장면이 독실한 가톨릭 신자였기에, 가톨릭 국가들의 지지를 받기 위해서라는 설명도 있다. 어쨌든 장면의 발탁은 예상치 못한 성공을 거두게 된다. 그 외에도 김활란, 장기영, 모윤숙, 정일형이 파견되었다.

처음으로 대한민국이라는 이름을 달고 출발한 외교 사절의 기록을 읽어보면, 눈물과 웃음이 교차한다. 훌륭한 애국자들이 참 애쓰셨구나, 하는 생각과 그때는 정말 못살았구나, 하는 느낌이 동시에 든다.

이 나라 최초의 여권에 대한 묘사가 그렇다. 일단 여권 자체도 한국에서 만들지 못하고 일본에서 인쇄해야 했다. 1948년 9월 9일 정일형 박사가 김포공항을 떠나는 노스웨스트 항공기 트랩에 올랐을 때, 그의 손에는 가로 세로 50센티미터의 초대형 여권이 들려있었다.

이 정도 사이즈면 거의 널빤지 수준이다. 흰 장지에 "대한민국 여행권(大韓民國 旅行券)"이라는 글씨를 붓으로 썼으니, 서예 작품이라고 보아도 무방하다.

경유지인 암스테르담에서 네덜란드 출입국 관리는 정일형의 여권을 보고 눈이 휘둥그레졌다. 생전 처음 보는 희한한 여권이었기 때문이다. 그가 말했다. "출입국 사무를 오래 보아왔지만 이런 여권은 처음 본다. 이들 여권을 나에게 팔라." 우리 대표단은 "이 여권을 팔면 우리는 어떻게 하라는 거냐"고 대답했다.

널빤지 사이즈의 서예 작품 같은 여권을 들고 우리 대표단은 파리에 도착했다. 수십 개국 대표들을 찾아다니며 대한민국의 독립을 설명하고 승인을 호소했다. 하지만 공산권의 반대도 만만치 않았다. 소련 대표 비신스키는 독설가로 유명했다. 그는 한번 발언을 시작하면 몇 시간이고 지치지 않는 에너지의 소유자였다.

비신스키가 지휘하는 공산권의 전술은 필리버스터, 곧 끊임없는 발언으로 회의 진행을 방해하는 것이었다. 공산권 나라들이 서로 짜고 순서를 정했다. 한 대표가 발언을 끝내면 틈을 주지 않고 곧바로 다른 대표가 발언한다.

계속된 발언의 내용은 이승만과 대한민국에 대한 비난이었다. 한번은 연설하던 비신스키가 조병옥을 보고 흥분해서 소리쳤다. "저기, 이승만의 개가 앉아있다." 조병옥도 만만치 않았다. 즉시 비신스키를 가리키며 받아쳤다. "저기, 스탈린의 개가 짖고 있다." 국제회의가 개판이 되어 버린 셈이다.

공산권의 지연 전술은 성공적이었다. 몇 시간이고 반복되는 똑같은 소리에 지친 다른 나라 대표들은 회의 도중에 밖으로 나가버렸다. 차도 마시고 쉬기도 하면서 시간을 보냈다. 그러다보니 막상 표결에 들어가려고 하면 참가 인원이 정족수에 미달이었다. 우리 대표들은 출입문을 지키며 제발 나가지 말고 표결에 참여해달라고 부탁했지만, 몇 시간씩 똑같은 소리를 듣느라 지친 그들은 고개를 절레절레 흔들었다.

9월에 시작된 총회는 어느덧 12월로 접어들었다. 대한민국의 승인은 이루어지지 않은 채, 회의 마지막 날을 남겨놓고 있었다. 모두들 기진맥진해 있는데, 단장인 장면 박사가 무거운 입을 열었다.

"그동안 수고들 많았소. 내일 새벽 3시에 하나님께 기도드리러 성당에 가려는데, 누구 동반할 사람 없겠소?"하고 좌중을 돌아보았다. 그러나 지쳐버린 일행 중에서는 누구 한 사람 선뜻 나서지 않았다. 장면은 "그럼 내가 3시에 전화를 걸 테니 같이 갈 사람은 따라 나오도록 하시오."하고 말문을 닫았다.

새벽 3시에 단잠을 깨운 장박사의 전화를 받고 동행 길에 나선 것은 시인으로도 유명한 모윤숙(毛允淑)이었다. 때마침 비가 온 뒤끝이라 새벽 거리는 몹시도 쌀쌀하고 을씨년스러웠다. "이렇게 동반해 주시니 참 고맙소. 새벽에 기도드리는 습관을 가지게 되니 마음도 시원해지고 사는 보람을 느끼게 되오."

장면은 쌩 조셉 성당으로 가는 길에 모윤숙에게 그렇게 말했다. 독실한 천주교인이었던 그는 성당에 들어가서 경건히 무릎을 꿇고 기도에 몰입했다. 30분이 지나도 장박사는 기도를 계속하였다. 다리가 아프기 시작한 모여사로서는 고통스러운 일이 아닐 수 없었다. 장면의 기도는 거의 한 시간이 지나서야 끝났다.

모여사가 아픈 다리를 추스르며 겨우 일어섰는데, 장면이 또 다시 말했다. "이 근처의 성당에 가서 더 기도합시다." 모윤숙은 "전 무릎이 아파서

도저히 따라가기 힘들겠어요."라고 대답했다. 장면이 말했다. "그래, 큰일을 눈앞에 두고 그것도 못 참아 어떻게 하오."

나라를 위한 큰일을 앞두고 다리 아프다고 사정할 수는 없었다. 하는 수 없이 모윤숙은 또 다른 성당으로 들어갔다. 또 한 번의 기도를 마치고 회의에 참석했다.

12월 12일 오후 3시 30분이 넘어서 계속된 총회에서 비신스키가 기세 좋게 등단했다. 우리 정부를 수립하기 위한 유엔 한국 위원회 활동을 "서울에서 밤마다 술에 젖고 노래에 흥청거리는 생활"이라고 표현하면서 "수십 개월간 유엔 예산을 20~30만 달러나 낭비했다."고 독설을 퍼부었다.

그런데 이상한 일이 일어났다. 눈을 번득거리고 팔을 들어 휘두르려는 자세를 보이던 비신스키가 별안간 목이 메더니 15분 만에 내려가 버렸다. 몇 시간씩 끄떡없이 방해 연설을 해 온 그가 갑자기 퇴장한 것이다. 비신스키의 예상치 못한 퇴장으로 총회는 즉각 투표에 들어갔다. 마침내 한국은 찬성 48, 반대 6, 기권 1표로 한반도에서 유일한 합법 정부로 유엔의 승인을 받았다.[1]

3개월 내내 효과적으로 회의를 막았던 비신스키는 왜 갑자기 마지막날 목을 움켜쥐고 퇴장했을까? 훗날 밝혀진 바에 따르면 갑작스런 치통과 성대 결절이 일어났다고 한다. 이런 것을 우연이라고도 하지만, 그리스도인들은 기도의 응답임을 안다.

유엔의 승인이 훗날 이 나라를 살렸다. 6·25 전쟁이 일어났을 때, 유엔의 승인을 받은 합법 정부를 공격한 북괴에 대한 반격을 역시 유엔이 결의했기 때문이다.

대한민국이 유엔에 승인된 것에는 민족사적 의의도 있다. 대륙의 귀퉁이에 위치해서 중국을 종주국으로 섬기는 사대외교를 지속했던 우리나라가 당당한 독립국으로 세계와 교류하게 된 것이다. 유엔 승인 이후로 수많은 나라들이 한국에 외교관을 보냈고 우리 역시 외교관들을 파견했다. 이 모든 일이 기도와 더불어 이루어졌다.

인간 해방을 위한 토지 개혁

이승만의 토지 개혁을 해설하면서 이영훈은 미당 서정주의 시(詩)를 인용한다.2)

애비는 종이었다. 밤이 깊어도 오지 않았다.
파뿌리 같이 늙은 할머니와 대추꽃이 한 주 서 있을 뿐이었다.
어매는 달을 두고 풋살구가 꼭 하나만 먹고 싶다 하였으나...
흙으로 바람벽한 호롱불 밑에
손톱이 까만 에미의 아들,
갑오년(甲午年)이라든가 바다에 나가서는 돌아오지 않는다 하는
할아버지의 숱 많은 머리털과 그 커다란 눈이 나는 닮았다 한다.

스물세 해 동안 나를 키운 건 팔할이 바람이다.
세상은 가도 가도 부끄럽기만 하더라.
어떤 이는 내 눈에서 죄인(罪人)을 읽고 가고

어떤 이는 내 입에서 천치(天痴)를 읽고 가나
나는 아무것도 뉘우치지 않으련다.
찬란히 틔어오는 어느 아침에도
이마 위에 얹힌 시(詩)의 이슬에는
몇 방울의 피가 언제나 섞여 있어
볕이거나 그늘이거나 혓바닥 늘어뜨린
병든 수캐마냥 헐떡거리며 나는 왔다.

1937년에 쓰여진 시의 제목은 "자화상"이다. 서정주의 자전적인 고백인 것이다. 시인의 아버지는 종이었다. 종의 아들에게 "세상은 가도 가도 부끄럽기만" 했다. 종의 피 몇 방울은 언제나 섞여 있었다.

그래서 시인은 자신을 수캐에 비유했다. "혓바닥 늘어뜨린 병든 수캐마냥" 헐떡이며 살아야 했다. 이영훈은 "자신의 천한 신분을 한 시대의 아픔으로 승화시켜 노래하는 고결한 영혼"이라고 논평한다. 가슴에 저리는 시와 가슴을 울리는 논평이다.

시는 감상을 위한 것이다. 하지만 역사가는 때로 시에 분석의 메스를 가한다. 한편의 시에 담긴 시대와 인간을 복원하기 위해서다. 서정주는 자신을 "수캐"라고 비유했는데, 그것은 비유인 동시에 사실이었다.

필자는 박물관에서 조선 시대의 노비 문서를 본 적이 있다. 매매(賣買)라는 단어를 보고 충격을 받았다. 실제로 종이 한 장에 사람이 사고 팔렸다는 사실에 기가 막혔다. 주인의 서명이 멋들어진 붓글씨로 쓰여진 것을 보면서, 아름다움이 꼭 아름다움만은 아니라는 느낌도 받았다.

조선 시대의 노비 문서에는 "수개(壽介)"라는 점잖게 생긴 이름이 자주 발견된다. 양반들이 사용한 한문인데, 뜻은 우리말 발음 그대로 수캐이다. 남자종을 수캐라고 불렀으니, 글자 그대로 사람을 개로 취급했다.

수캐로 불린 사람들은 정말 수캐처럼 살았다. 1920년 전라도 구례군 토지면의 유씨 양반가의 일기에 이런 대목이 있다. 정월 초하루에 집안의 종들이 찾아와서 사랑에 앉은 주인을 향해 세배를 드렸다. 그날 주인은 "비록 세상이 변하였지만 주인과 종 간 사이의 상하 의리는 변하지 않는구나"라고 일기에 적었다.

그렇게 해가 바뀌면 주인집을 찾아 마당에서 수캐처럼 엎드려 세배를 드려야했던 것이 종놈의 처지였다. 서정주의 시에 나오는 것처럼, "혓바닥을 늘어뜨린 병든 수캐마냥" 살아야 했던 인생이었다. 수캐를 사람으로 만든 위대한 혁명, 그것이 우리 역사에 찬란한 이승만의 토지 개혁이었다.

조선 시대에 토지는 인지명맥(人之命脈)이라고 불렀다. "사람의 목숨 줄"이라는 뜻이다. 대다수 백성들이 농민인 나라에서 토지에는 그야말로 목숨이 달려 있었다. 조선의 헌법이라고 할 수 있는 〈경국대전〉에는 일반 백성의 법적인 지위가 '전부'(佃夫)라고 되어 있다.

남의 땅을 빌려 경작하는 농부라는 뜻이니, 소작농을 가리킨다. 백성들은 법적으로도 소작인으로 규정되었고 실제로도 소작인이었다.

백성이 소작농이라면 주인은 임금이었다. 조선의 백성들은 임금의 은덕으로 임금의 땅을 경작하는 소작농들이었다. 이처럼 토지와 신분, 정치 제도는 불가분리적으로 연결되어 있었다. 임금이 땅의 주인이고 백성은 소작농이니, 임금님은 곧 나랏님이었다. 전 국민이 임금의 땅을 부쳐서 먹고사는 처지에 인권이니 민주(民主)니 하는 개념은 자리 잡을 수 없었다.

　일제 시대에도 상황은 마찬가지였다. 1936년 우리나라 전체 농가의 75%가 소작농이었다. 소작료는 한해 수확의 절반이었다. 그때는 경운기나 트랙터나 비료들이 많지 않았던 시절이었다. 주로 인간의 노동력으로 농사를 짓던 무렵이었다. 한국의 기후가 일 년에 세 번 네 번 농사를 지을 수 있는 것도 아니었다.

　그런데 한 해 동안 고된 노동을 통해서 벌어들인 수입의 절반을 지주에게 바쳐야 했다. 그러고도 혹시 지주가 마음이 변해서 소작을 끊어버리지 않을까 걱정해야 했다. 농민이라고 하지만 사실상 농노(農奴)에 가까웠다.

　토지 개혁은 이승만이 벼르고 별렀던 정책이었다. 대통령이 되기 이전부터, 자신이 실시할 개혁이 세상을 깜짝 놀라게 할 것이라고 장담했었다. 1948년 3월 20일 정치 고문 올리버 박사에게 보낸 편지에서 경자유전(耕者有田)의 원칙에 따른 농지 개혁을 역설했다.

　이승만에게 토지의 문제는 곧 인간의 문제였고 민주주의의 문제였다. 땅이 없어 노예처럼 사는 백성들을 땅을 가진 국민으로 해방시키는 문제였다. 민주주의를 경제와 연결지어 생각했다는 것에서 이승만의 천재성이 빛을 발한다.

　국민이 주인이라고 말은 하면서, 정치적으로 투표도 하고 선거도 하지만, 정작 그 국민들이 노예처럼 살아간다면 제대로 된 민주주의가 정착할 수 없다. 국민이 소작인들이라면, 국민이 주인이 아니라 지주가 주인이 된다. 지주에게 잘못보이면 당장 굶어죽기를 염려해야 할 처지라면, 자유니 인권이니 하는 말들은 무의미해진다. 경제적 자립이 없는 정치적 민주주의는 그림의 떡에 불과하다. 저명한 심리학자 에리히 프롬의 명언처럼, 빵이 없는 자유는 자유가 아니다.

이승만은 토지 개혁을 단행하기에 너무나 적합한 인물이었다. 왕족에 양반 출신이었지만, 가난한 동네에서 빈민들과 벗하며 자라난 그에게는 누군가를 차별한다는 의식이 없었다. 그의 평생에 걸친 발자취가 이 사실을 증명한다.

1904년에 출옥한 뒤에 몸담았던 서울의 상동 청년학원, 독립 운동 시기에 함께 일했던 하와이의 한인 기독학원, 한인 기독교회, 동지회 그리고 워싱턴의 구미위원부 등, 이승만이 관여했던 기관의 임원들은 대체로 비(非)양반출신이었다.

그를 도운 인물 가운데에는 서재필과 이상재 등 양반출신 인사들이 약간 있기도 했다. 대부분은 잔반, 중인, 혹은 평민 출신이었다. 그는 양반과 평민, 그리고 남녀를 가리지 않고 능력 본위로 사람들과 교제하였던 것이다.

이승만은 양반과 상놈의 차별이 없는 세상을 꿈꾸었다. 그 꿈을 이루기 위한 가장 중요한 방법이 토지 개혁이었다. 한국 사회는 오랫동안 토지에 기반을 둔 지주 계급에 의해 지배당해왔다. 조선 시대의 지주들은 양반이었다.

양반 제도 혁파 논의는 1880년대 이래 개화파 관료들에 의해 꾸준히 제기되어 왔다. 1894년에 갑오경장의 일환으로 양반의 특권을 제약하는 개혁이 시도되기도 했다. 그러나 갑오경장의 개혁은 인재 등용에 있어 양반과 상민을 구별하지 않는다는데 중점을 두었을 뿐이었다. 양반들의 경제적 기반인 토지 문제에는 전혀 관여하지 않았다. 따라서 양반 제도 자체를 없애지는 못했다.

1910년 이후 일제는 한국 민중을 효율적으로 지배 내지 착취하기 위해 양반 배경의 지주들을 보호하는 정책을 채택했다. 따라서 양반 제도는 표면상으로 사라졌지만, 사실상 해방 이후까지 온존되었다. 국군을 창설하는 과정에서 양반 출신만 받아들여야 한다고 고집했던 광복군 출신 지도자가 있을 정도였다.

결과적으로 우리역사 오천년을 지배했던 지주제, 조선 왕조 오백여 년을 군림했던 양반제가 붕괴한 것은 이승만이 추진한 농지 개혁을 통해서였다.

대한민국의 토지 개혁은 합법적인 절차를 따라서 진행되었다. 1948년 7월 17일에 제정된 제헌헌법 86조는 "농지는 농민에게 분배하며 그 분배의 방법, 소유의 한도, 소유권의 내용과 한계는 법률로써 정한다"고 명시했다. 나라가 세워질 때부터 농지는 농민이 수유한다는 원칙을 아예 헌법으로 정해놓은 것이다.

이승만 정부는 헌법에 따라 농지 개혁법 제정을 추진했다. 대통령 앞에 놓인 농지 개혁안은 세 가지였다. 좌파적 성격을 띠고 있던 조봉암의 농림부안, 보수 우파 지주 세력이 장악했던 한민당의 국회안, 그리고 총리실 산하 기획처안 등이었다.

토지 개혁은 국민들에겐 해방이었지만, 지주들에겐 기득권의 박탈이 될 수밖에 없었다. 당연히 첨예한 대립이 벌어진 문제였다. 이승만은 세 가지 제안을 상세히 검토하고 국회의 실력자들을 일일이 만났다. 이해관계가 얽혀있는 당사자들을 설득하여 적절한 양보를 유도해냈다.

조봉암의 농림부안은 토지 보상 문제에서 '매수'가 아닌 '징수'라는 개념을 사용해서 도마 위에 오른다. 이 문제는 단순한 정책상 차이가 아닌 정치 노선 싸움으로까지 번졌다. 결국 농림부안은 세력 싸움에서 밀려 국무회의도 통과하지 못한다.

그런데도 오늘날 토지 개혁이 공산당 출신의 좌파 조봉암의 작품인 것처럼 알려져 있다. 잘못 전해진 역사의 한 사례이다.

지주들이 중심이 된 한민당안은 아무래도 개혁에 소극적일 수밖에 없었다. 결국 농지 개혁법은 기획처안을 근간으로 해서 1949년 6월 21일에 선포되었다. 법안의 핵심은 농지 소유의 상한을 3헥타르로 정하고, 그 이상의 모든 농지를 지주로부터 유상으로 수용하여 소작농에게 유상으로 분배한다는 것이었다.

하지만 법률을 시행하는 과정에서 여러 가지 하자가 드러났다. 이 법안은 수정을 거쳐서 1950년 3월 10일 국회에서 개정 법률로 통과되었다. 3대 윤영선 농림부 장관 때였다.

이제 통과된 법률을 집행하려면 시행령이나 시행규칙을 제정해야 했다. 여기에서 또 한번 이승만의 타이밍 감각이 발동했다. 그는 시간이 없다고 판단했다. 이런 저런 규칙과 법규를 따지고 있다 보면 봄철 파종기를 넘겨야 한다.

그러면 또 1년을 허비해야 하고 국민들은 1년 더 소작농으로 매여 있어야 한다. 규칙을 만드는 과정에서 지주들이 반발할 가능성도 없지 않았다. 이승만은 비상수단을 동원했다. 대통령의 특별 유시로 "분배 농지 예정 통지서"를 배포해버렸다.3) 이미 분배가 예정되었다는 통지를 보냄으로써 토지 개혁을 기정사실화해버린 것이다.

소작료는 수확량의 50%선이었다. 해방 이후에는 30%선으로 떨어지기도 했다. 농지 개혁법이 논의될 때, 분배 대금은 수확량의 300%선이었다. 다시 말해서 소작료를 50%로 계산하면, 소작료 6년 치를 내면 7년째부터는 땅 주인이 되어서 소작료가 면제되는 셈이다.

이것만해도 엄청난 혜택이다. 수십 년 소작료를 꼬박꼬박 바치고도 소작지를 잃을까봐 두려워했던 수천 년 역사에 비교해보면 혁명과도 같은 개혁이다.

하지만 이승만은 300%도 많다고 생각했다. 그는 카리스마를 휘둘러 절반을 잘라냈다. 결국 농지 분배 대금은 일 년 수확량의 150%로 결정되었다. 소작료 50%로 계산하면, 3년만 소작료를 내면 그 다음부터는 지주가 되는 것이다. 농지 개혁의 과정에서 이승만은 비상하게 간섭했고 비상조치를 취했으며 때로는 강권적인 조치를 발동시켰다. 그것은 국민에 대한 애정의 표현이었다.

수확량의 150%를 내면 지주가 될 수 있다는 것은 획기적인 조치였다. 그런데 실제로 농민들이 받은 혜택은 그것보다도 더 컸다. 이승만의 강력한 주도에 국가가 강제력을 발동할 것을 염려한 지주들은 개혁이 시행되기도 전에 토지들을 처분해버렸다.

과거에는 이때 지주들이 비싼 값을 다 받았기에 토지 개혁은 큰 의미가 없다고 주장하는 비판적인 견해가 있어왔다. 하여간 이승만과 대한민국은 어떻게 해서든 깎아내리려는 시도들이었다.

하지만 최근의 연구들은 일반적으로 지주들이 먼저 팔아서 받은 돈의 액수가 법정에서 정한 상환 가격보다 높지 않았다는 점을 드러낸다. 대략 법정 가격의 20-70% 수준이었으니, 형편없이 싼 값이다.

이처럼 지주들이 적은 가격에 대량으로 토지를 팔아버린 이유도 이승만 정부가 강력하게 개혁을 추진했기 때문이다. 따라서 그것도 토지 개혁의 효과로 볼 수 있다.[4]

토지 개혁의 결과 5천년을 이어온 지주제는 역사의 뒤안길로 사라졌다. 우리나라 전 경작지의 95%가 소작지가 아닌 자작지가 되었다. 소작농은 자작농이 되었다. 토지와 인간이 함께 해방된 것이다.

토지 개혁은 자유와 평등을 선물했다. 유영익은 "양반 제도 근절의 최대 요인은 농지 개혁"이라고 주장한다. 이승만의 토지 개혁으로 양반 지주들은 소유권을 상실함과 동시에 산업 자본가로서의 전환에 실패함으로써 몰락하였다. 이로써 사농공상(士農工商)식 신분제의 조선은 끝나고 사민평등(四民平等)의 대한민국이 시작되었다. 토지 개혁과 함께 한 우리의 건국은 위대한 인간 해방이었다.

토지 개혁에 대한 다양한 해석

우리 역사 오천년 만에 단행된 토지 개혁은 여러 가지 측면에서 주목의 대상이다. 첫째로 국제적인 입장에서 다른 나라와 비교해보면, 대한민국의 토지 개혁은 세계적인 성공 사례이다. 북한은 무상 몰수만 했고 분배는 하지 않았다. 국민들은 지주의 노예에서 국가의 노예, 사실은 김일성 일가의 노예로 전락했다.

파키스탄과 필리핀은 우리보다 훨씬 앞선 나라였다. 건국을 전후해서 한국의 우수한 학생들이 파키스탄에 유학을 갔다. 1960년대에 박정희 대통령이 일인당 국민소득에서 필리핀을 능가하겠다고 발표해서 비웃음을 사기도 했다.

하지만 오늘날 한국은 파키스탄이나 필리핀과 비교할 수 없을 만큼 발전했다. 그 이유가 토지 개혁에 있었다. 우리보다 앞선 그네들이었지만, 토지 개혁이 없었다. 소수의 지주들이 국부(國富)의 대부분을 차지하고 있는 나라가 발전하지 못하는 것은 당연했다.

멕시코의 경우에는 세 번의 토지 개혁을 시도했다. 하지만 매번 실패했다. 토지를 분배받은 농민들이 가난에 못 이겨 다시 지주들에게 토지를 되파는 일이 반복되었기 때문이다.

베트남은 성공적으로 토지를 분배했다. 하지만 오늘날 세계의 2대 곡창 지대로 불리는 메콩강 삼각주에 가보면, 여전히 지주는 지주이고 소작인은 소작인이다. 세계적인 곡창 지대에서 소작인은 여전히 빈곤을 벗어나지 못하고 있다. 그 이유는 '댐' 때문이다.

베트남 정부가 토지는 분배했지만, 범람하는 메콩강으로부터 토지를 보호할 댐은 건설하지 못했다. 해마다 반복되는 홍수에 당장 먹을 것이 없어진 농민들은 앞을 다투어 토지를 팔았다.

베트남의 경우에 비교해보면, 최빈국이었던 대한민국이 10위권 경제로 성장한 이유를 알 수 있다. 단순하게 말해서, 이승만이 토지를 개혁했고 박정희가 댐을 쌓았다. 그것이 단군 이래 최대의 번영, 인류 역사상 가장 빠른 경제 성장을 이루어냈다.

둘째로 역사적인 입장에서 우리 역사에 등장하는 여러 나라들과 비교해 보아도, 이승만의 토지 개혁은 획기적인 업적이다. 국가가 국민들에게 토지를 나누어준 사례는 통일 신라가 722년에 "백성에게 정전을 나누어주었다"는 〈삼국사기〉의 기록이 처음이다.

　이영훈에 의하면, 이때의 백성들은 농촌 사회의 중상층 지위를 차지한 이들이었다. 하층 농민은 토지 소유의 대상에서 제외되었다. 귀족들의 토지를 몰수하려고 한 고려 공민왕의 토지 개혁은 실패로 끝났다. 조선의 건국자 이성계는 나름대로 개혁적인 과전법을 단행했지만, 소작농의 입장에서 보면 지주가 고려 귀족에서 조선 사대부로 바뀐 것에 불과했다.

　따라서 대한민국의 토지 개혁은 우리 역사 반만년에 처음으로, 농민이 자신의 토지를 소유하게 된 일대 쾌거였다.

　셋째로 성서적인 입장에서 볼 때, 이승만의 토지 개혁은 성서의 메시지에 근접하다. 구약 성서에서 히브리 종교는 자작농과 자유민을 낳았고, 바알 종교는 대지주와 노예제를 낳았다. 이는 태평성대에 대한 구약의 묘사에서도 분명히 나타난다. 전에도 없었고 후에도 없었던 솔로몬의 황금 시대를 성경은 다음과 같이 표현한다. "솔로몬이 사는 동안에 유다와 이스라엘이 단에서부터 브엘세바에 이르기까지 각기 포도나무 아래와 무화과나무 아래에서 평안히 살았더라."(열왕기 4.25)

　"단에서부터 브엘세바까지"는 이스라엘 전 국토를 가리킨다. 우리식으로 표현하면 "한라에서 백두까지"가 된다. 성서는 전 국토에서 백성들이 "각기" 포도나무 아래와 무화과나무 아래에서 평안히 사는 것이 태평성대라고 말한다. 남의 나무 그늘에 얹혀사는 것이 아니라, 각자의 나무 그늘에서 "각기" 사는 것이 행복이고 번영이며 하나님의 축복이다.

　구약 성서는 토지와 자유에 대한 이상을 견지한다. 미가 선지자는 메시야

시대를 다음과 같이 예언한다. "그가 많은 민족들 사이의 일을 심판하시며 먼 곳 강한 이방 사람을 판결하시리니 무리가 그 칼을 쳐서 보습을 만들고 창을 쳐서 낫을 만들 것이며 이 나라와 저 나라가 다시는 칼을 들고 서로 치지 아니하며 다시는 전쟁을 연습하지 아니하고 각 사람이 자기 포도나무 아래와 자기 무화과나무 아래에 앉을 것이라."(미가서 4.4)

칼을 쳐서 보습을 만들고 창을 쳐서 낫을 만드는 메시야적 평화 시대에 각 사람은 "자기 포도나무 아래와 자기 무화과나무 아래에" 앉게 된다. 따라서 전 국민에게 "자기 땅"을 분배한 이승만의 개혁은 지극히 성서적이다.

성서적 경제 제도를 주창했던 대천덕 신부가 이점을 인정한다. "왜 한국이 하나님의 크신 축복을 받았는지 아십니까? 6·25전쟁 두 달 전인 1950년 4월에 토지 개혁법이 발표되었습니다. 그때 누구든지 땅을 소유할 법적인 근거가 마련되었는데, 그것은 바로 하나님의 법에 근거한 것이었습니다."[5]

구약 성서를 관통하여 흐르는 '땅'의 주제를 연구한 이병렬(李炳烈)도 대천덕 신부의 견해를 지지한다. "농토는 농민이 가져야한다. 대지주가 나와서는 안 된다. 이것을 귀히 보시고 6·25 동란에서 하나님이 한국을 구해주셨다고 대천덕 신부는 못 박았다. 그의 통찰력에 찬사를 보낸다."[6]

넷째로 안보적인 측면에서 보면, 토지 개혁이 대한민국을 지켰다. 토지 개혁 두 달여 뒤에 6·25 전쟁이 터졌다. 북한은 전쟁 전부터 토지 개혁을 통한 대대적인 선전 선동을 계획하고 있었다. 전쟁과 함께 내려온 '남조선 토지개혁법 위원회'는 '토지 무상 분배'를 열렬하게 선전했다.

하지만 농민들은 넘어가지 않았다. 이 시기의 미군 보고서는 "공산주의자들의 선전과 달리 그들의 토지 개혁이 대다수의 남한 농민들로부터 환영받았다는 증거는 없다"고 단정한다.

북한 정권이 기대했던, 대한민국에 대한 농민들의 반란도 일어나지 않았다. 이승만의 농지 개혁이 이미 단행되었기 때문이다. 땅을 분배받은 농민들은 자신에게 땅을 나누어준 대한민국의 편에 섰다. 따라서 공산주의자들의 기대와는 정반대로, 이 나라 국민의 대부분을 차지하던 농민들은 자신들의 땅과 자유를 지키기 위해 싸웠다. 우리 국민들은 자유민이 될 자격이 있음을 스스로 입증해보였던 것이다.

농지 개혁은 대한민국의 근간이 되어왔다. 헌법은 아홉 차례에 걸쳐 개정되었지만, "경자 유전의 원칙"과 "소작 제도 금지" 조항은 계속해서 살아남았다. 현행 헌법 121조는 여전히 이 원칙을 규정하고 있다.

그런데 2005년 좌파 경제학자 우석훈(禹晳熏)이 "한국 경제의 역사에서 대단히 불행한 사건이자 자못 악질적인 사건"[7]이라고 규정한 일이 일어났다. 노무현 정권의 경제 정책을 지휘하던 이헌재 부총리가 농지법을 개정해서 농민이 아니더라도 누구나 농지를 소유할 수 있게 하는 정책을 추진한 것이다. 이승만 대통령 이후 반세기가 넘도록 지켜진 "농지는 농민에게"의 원칙이 위태로워졌다.

이 사태는 이헌재의 사퇴로 끝났다. 법 개정을 추진하던 본인이 위장 전입으로 농지를 소유하고 있었음이 드러났기 때문이다. 불법으로 농지를 소유하고 법을 바꿔서 불법을 합법으로 만들려는 시도였다. 좌파 경제학자의 눈에 비친 노무현 정권의 경제 수장은 "악질적이고 불행한" 사건의 주도자였다.

"88만원 시대"라는 말을 유행시킨 우석훈은 노무현의 경제 정책에 대해서 혹독하게 비판한다. "다행히 그의 임기가 다른 나라와 같은 4년 중임이 아니라 5년 단임이라서 완벽하게 한국을 망치기에는 시간이 짧았던 것 아닌가 하는 게 제 생각입니다."8)

우파가 아닌 좌파에 의한 신랄한 비판이다. 노무현에게 비판적인 우석훈은 경자유전과 소작제 금지를 규정한 현행 헌법 121조에 대해서는 대단히 우호적이다. 헌법 121조가 있어서 한국 경제의 건전성이 그나마 유지되며, 지방 자치와 풀뿌리 민주주의를 강화할 수 있다고 주장한다.

우석훈이 한 가지 말하지 않은 점이 있다. 좌파 경제학자가 금과옥조(金科玉條)처럼 여기는 헌법 121조는 이승만의 토지 개혁에서 비롯된 것이다. 이승만은 아직도 유효하다.

'한강의 기적'을 낳은 교육 혁명

이승만은 일평생 교육자였다. 그의 교육 경험은 한성 감옥에서부터 시작되었다. 각종 범죄를 저지르고 들어온 청소년들에게 한글과 역사와 신앙을 가르쳤다. 주변의 성인 죄수들은 모두 비웃었다.

하지만 하나씩 둘씩 학생들이 변화되는 모습을 보고 어른들도 배우기를 자청했다. 이승만의 '한성 감옥학교'는 외국에도 알려질 만큼 유명했다. 그가 감옥에서 쓴 수많은 글들은 교육과 개화의 중요성을 역설하고 있다.

감옥에서 나온 직후, 미국에 특사로 파견되기 전까지의 짧은 기간 역시 교육에 몰두했다. 그 시기에 우리 기독교 교육 역사에 빛나는 상동 청년학원에서 일했다. 그때 쓴 글이 1904년 11월 〈신학월보〉에 실린 "상동청년회에 학교를 설치함"이다.

"사람이 사람 노릇 못하는 나라에서 나라가 나라 노릇 하기 어렵지 않겠습니까. 지금이라도 나라가 나라 노릇하자면 사람이 먼저 사람 노릇을 하게 되어야겠고 사람이 먼저 사람 노릇을 하자면 가르치고 배우는데 있으니 대저 학교는 사람을 만드는 곳이요 또한 나라를 만드는 곳이라고도 하겠사외다."

이 글에 이승만의 평생을 지배한 신념이 고스란히 묻어있다. 나라가 잘되려면 백성들 한 사람 한 사람이 깨우쳐야 한다. 백성들을 깨우치려면 교육을 시켜야 한다. 교육은 학교에서 이루어진다. 따라서 학교는 사람을 만드는 곳이요 동시에 나라를 만드는 곳이다.

이는 루소의 〈에밀〉에 나오는 유명한 명언을 떠올리게 한다. "식물은 재배를 통해 가꾸어지며 인간은 교육을 통해 만들어진다."

이승만은 하와이에서도 직접 학교를 운영하며 우리 역사상 최초의 남녀공학제를 실시했다. 1919년 3.1 운동이 일어났을 때, 이승만을 비롯한 100여 명의 애국지사와 유학생들은 필라델피아에서 한인 대표자 회의를 열었다. 3.1 운동의 미주판이라고 할 수 있는 이 행사에서 참가자들은 "한국인의 목표와 열망"이라는 다섯 가지 결의문을 채택했다.

그중에 "정부 수립 후 10년간 국민 교육에 치중할 것"이라는 항목이 있다. 3.1 운동 당시부터 이승만은 교육으로 나라를 세워야한다는 계획을 분명히 하고 있었던 것이다. 독립 운동 시기에 이승만은 직업란에 '교육자'라고 적혀있는 여권을 가지고 다녔다. 해방 이전부터 그는 이미 '준비된 교육

대통령'이었다.

　교육은 민족적 수치를 씻을 수 있는 길이기도 했다. 1942년 2월 미국 국무성 극동국의 윌리엄 랭던(William Langdon)은 "한국인의 절대 다수가 문맹(文盲)이고 가난하고 정치적으로 자치의 경험이 없다. 그러므로 강대국의 지도를 받아야 한다"고 주장했다.9) 이것이 훗날 한반도에서 소용돌이를 일으키는 신탁 통치안으로 발전해갔다. 개인이나 국가나, 못 배워서 서럽기는 마찬가지였다.

　랭던의 자치 경험이 없다는 말은 틀렸지만, 교육을 받지 못했다는 지적은 사실이었다. 일제 시대에 어떤 형태로든 '교육'이라는 것을 받아본 사람은 14%에 불과했다. 문맹율은 80%가 넘었다. 중학교 이상 졸업자가 전 국민을 통틀어 2만 5천명에 불과했다. 다시 말해서 중학교만 졸업해도 상위 1% 안에 들 수 있었다. 헌법 문제를 다룰 법학박사는 단 한사람도 없었다.

　이승만은 민주주의가 제대로 되려면 반드시 종교와 교육이 선행되어야 한다고 믿었다. 그는 종교와 교육과 민주주의를 연결된 것으로 보았다. 이는 한성 감옥에서 정립한 '기독교 입국론'의 연장이다. 기독교 교육을 통해서 국민들이 각성해야 독립 민주 공화국을 수립할 수 있다는 신념이다.

　이승만의 교육 정책은 헌법 제정에서 출발했다. 우리의 건국 헌법 16조는 "모든 국민은 균등하게 교육을 받을 권리가 있다. 적어도 초등 교육은 의무적이며 무상으로 한다"고 명시했다. 여기에 우리 교육의 역사를 바꾸어 놓은 혁명적인 관점이 있다.

그전까지 교육은 부모의 선택이었다. 부모가 보내주면 가고 안 보내주면 못가는 곳이 학교였다. 하지만 대한민국은 건국할 때부터 교육은 부모가 좌우할 수 있는 선택 사항이 아니라, 이 나라에서 태어난 모든 국민이 당연히 누려야 할 권리로 규정했다.

국민에게 교육받을 권리가 있다면, 국가에는 교육을 제공할 의무가 있다. 제헌 헌법은 초등교육을 무상으로 제공하는 의무 교육제를 채택했다. 그런데 초등 의무교육 조항 앞에 "적어도"라는 문구를 삽입했다. 최소한 초등학교라는 뜻으로, 앞으로 계속해서 중학교, 고등학교 등으로 의무 교육을 확대해나간다는 의지가 담긴 표현이다.

헌법 16조는 헌법 제정 과정에서 가장 치열한 논쟁이 벌어진 조항 중의 하나였다. 논의하는 과정에서 수정 제안이 6개나 제출되었다. 주기용은 이렇게 말했다.

"교육이 국책상 가장 중요한 부분의 하나요 모든 건국의 기초가 교육에서 시작된다고 해도 결단코 과언이 아니다. 오늘날 이 건국에 있어서 교육을 등한히 하는 동안은 우리 국가백년의 대계는 끊어질 우려가 없지 않아있다.

그러므로 지금 다른 수정안은 없으되 이 교육 조항에 대한 것만은 6조항이나 난 것은 단적으로 교육에 대한 모든 관심이 이 16조에 모여 있기 때문이다."10)

이승만 통치 시기는 대한민국의 역사에서 가장 빈곤한 시절이었다. 하지만 굶주리는 나라가 교육에는 정부 예산의 10% 이상을 투자했다. 수많은 학교가 세워졌고 학생들이 배출되었다. 이승만 집권 후반기에는 학교에 갈 나이가 된 아동의 96%가 취학하는 결과를 낳았다. 일제 시기에 어떤 형태로든 교육받은 사람이 14%에 불과했던 것에 비하면 놀라운 수치이다.

모든 연령대에서 학생들의 숫자가 비약적으로 증가했다. 가장 큰 증가세를 보인 것은 대학생이었다. 이승만이 물러날 당시, 한국의 대학생 비율은 영국보다 많을 정도였다. 특히 여대생의 경우 이승만 집권 초기에 비해서 무려 17배나 증가했다. 교육이 남녀평등의 밑바탕이 되었음을 보여준다.

이승만의 교육 혁명은 국내로만 제한되지 않았다. 해방 당시 미국 유학생의 숫자는 모두 합쳐서 500명 미만이었다. 이승만 집권기에 유학, 훈련, 연수 등의 다양한 형태로 미국에 보내진 인원은 2만여 명이었다. 훗날의 대통령 박정희를 비롯한 수많은 인재들이 이승만 집권기에 미국 땅을 밟았다.

교육에 대한 이승만의 열의는 6·25 전쟁 중에도 식지 않았다. 전시 수도인 부산에서도 전시 학교를 운영하여 교육을 계속했다. 올리버는 전쟁 당시에 방문했던 야외 중학교에 대해서 이야기한다. 무지개꼴로 된 학교의 문에 광목천이 달려있었다. 그곳에는 적힌 글귀이다. "이곳은 우리의 싸움터이다. 이곳에서 우리는 우리 자신을 지키고 우리나라를 자유롭게 하는 길을 배운다."

우리의 현대사를 추억하면, 앞선 이들에게 경의를 표하지 않을 수 없다. 이 나라 건국 세력은 불가능한 전쟁을 동시에 치러냈다. 한편으로는 맨주먹 붉은 피로 탱크에 맞서 싸우는 육박전을 치렀고, 다른 한편으로는 수천 년 운명처럼 전해온 무지(無知)와 싸우는 교육전(敎育戰)을 벌였다. 도저히 승산이 없었던 두 전쟁에서 승리했으니, 위대한 지도자와 함께한 위대한 국민이다.

전쟁에서 가장 왕성한 전투력을 보유한 이들은 젊은이들이다. 이십대 초반, 학령기로 따지면 대학생들이 군인으로서는 가장 필요하다. 하지만 6·25 당시 이승만은 세계사에 유례가 없는 조치를 취했다. 대학생들을 병역에서 면제한 것이다.

전쟁 중인데, 그것도 낙동강 전선까지 밀려 나라가 망하기 직전까지 몰렸는데, 병사 한 사람이 아쉬운 상황인데, 대학에만 들어가면 군대 안가도 된다는 것은 엄청난 특혜였다. 이런 특단의 조치로 이승만은 인재를 보호했다.

이승만의 조치가 없었다면, 한 세대 전체가 전쟁 통에 통째로 없어져버렸을 것이다. 이승만은 위급한 상황에 몰리면서도 결국에는 전쟁이 끝나고 나라가 보존될 것을 믿었다. 그 후에 다시 복구되고 성장할 것도 미리 내다보고 있었다. 그때 필요한 인재를 확보하기 위해서 비상한 대책을 세웠던 것이다.

자라나는 세대는 학교를 통해서 교육시킬 수 있다. 문제는 이미 자라난 성인들이었다. 배움의 기회를 잃어버린 이들은 평생 까막눈으로 살아야 했다. 이에 이승만 정권은 대대적인 문맹 퇴치 운동을 벌였다.

학교는 물론 전국적으로 모든 마을과 공동체, 사람 모이는 곳이면 어디든지 국가는 문맹 퇴치와 성인 교육을 위한 크고 작은 집회를 끊임없이 개최하였다. 나라 전체를 온통 학교로 만들어버린 셈이다.

문맹 퇴치는 교육을 위해서만이 아니라 민주주의를 위해서도 절실했다. 이승만 정부는 "작대기 투표를 일소하자"는 구호를 내걸었다. 국민들이 출마한 후보의 이름조차 쓸 수 없고 읽을 수 없어서 작대기로 표시해서 사람을 구분하는 수준이라면, 민주주의가 어렵다는 판단이 담긴 구호이다.

이승만이 대통령이 되었을 때 80%를 훌쩍 넘었던 문맹율은 그가 물러날 때 20% 이하로 떨어졌다. 오늘날에는 거의 모든 국민이 글자를 읽을 뿐 아니라, 교육열로 유명한 지식 강국이 되었다.

이 시대에 유행이 된 말 가운데 "우골탑"(牛骨塔)이 있다. 가난한 농가에서 소를 팔아 마련한 학생의 등록금으로 세운 건물이라는 뜻으로, 대학을 빙자한 말이다. 본래 대학은 상아탑(象牙塔)이라고 불리었다.

'상아'가 '우골'이 된 것은 우리 국민들의 맹렬한 교육열을 반영한다. 시골의 부모들도 소를 팔고 논을 팔아 자식들 등록금을 대주었다. 그렇게 길러진 인재들이 '한강의 기적'을 이루었다.

한국의 교육열은 예나 지금이나 세계적인 주목을 받았다. 필자는 저명한 역사가 에릭 홉스봄(Eric John Ernest Hobsbawm)의 책을 읽다가 흥미로운 대목을 발견했다. 「극단의 시대」에서 그는 말했다. "종종 그들의 부모가 치른 희생은 대단한 것이었다. 한국의 교육 기적은 소농들이 자신들의 자녀를 명예롭고 특권적인 식자층의 지위로 상승시키기 위해서 팔아버린 암소의 시체들에 기반한 것이라고 전해진다."[11]

"소의 뼈"가 "암소의 시체"로 둔갑하기는 했지만, 홉스봄의 지적은 타당하다. 영국의 마르크스주의 역사가의 눈에도 그것은 "교육 기적"이었다.

교육 혁명은 토지 개혁과 함께 양반 제도 붕괴에도 중요한 영향을 끼쳤다. 조선 시대에는 글 읽는 양반과 일하는 상민이 있었지만, 이제는 모든 국민이 글을 읽게 되었으니, 양반과 상놈의 구별이 실질적으로 없어진 것이다. 타고난 신분이 아니라 교육이 성공의 수단이 된 것도 더 이상 양반 제도가 발붙일 곳이 없게 만들었다.

교육 기적은 한강의 기적으로 이어졌다. 세계의 경제학자들은 종종 한국에 대해서 이런 질문을 던져왔다. "왜 한국에서만 한강의 기적이 일어났는가?" 해방 당시에 한국의 경제 수준은 아프리카의 가나와 비슷했다. 그런데 지금은 유독 한국만이 비약적으로 발전했다.

20세기 후반 50년을 통틀어서 경제 성장률 1위가 대한민국이었다. 후진국에서 중진국을 지나 선진국에 다다른 유일한 나라이기도 했다. 그 이유에 대해서 연구자들의 공통으로 내린 결론 중의 하나는 교육이었다. 교육을 통해서 우수한 인재가 길러졌기 때문에 경제 발전이 가능했다는, 지극히 상식적인 논리이다.

그렇다면 한강의 기적은 이승만과 박정희의 공동 작품이라는 결론이 가능해진다. 눈에 보이는 공장과 수출품과 고속도로는 박정희가 만들었지만, 눈에 보이지 않는 사람은 이승만이 만들어냈기 때문이다. 공장을 지을 사람, 수출품을 만들어낼 사람, 고속도로를 건설한 사람들은 적어도 글자도 읽을 줄 알고 학교생활을 통해서 단체 생활도 경험해보았고 규율에도 복종할 줄 아는 사람들이었다.

만약에 박정희가 공장을 지었을 때, 일하러 온 사람들이 글자를 읽을 수가 없어서 작업 규칙을 그림을 그려가며 설명해야 했다면, 과연 이 나라 경제가 그렇게 빠른 속도로 성장할 수 있었을까? 만약에 박정희가 새마을 노래를 만들었을 때, 국민들이 까막눈에 악보도 읽을 수 없어서 노래 한곡 부르기 힘들었다면, 새마을 운동이 성공할 수 있었을까?

한국 경제에 있어서 박정희의 공헌은 아무도 부인할 수 없다. 중국의 등소평, 러시아의 푸틴이 박정희의 길을 그대로 따라갈 만큼 세계적으로 인정

받고 있다. 히지만 박정희의 업적은 이승만이라는 토대가 있기에 가능했음을 아는 이는 많지 않다.

　박정희는 인재들을 지휘하여 한강의 기적을 이루어냈다. 그 인재들은 이승만의 교육 기적을 통해서 길러졌다. 박정희라는 기관차는 이승만이 만든 레일 위를 달린 것이다.

기독교의 확산, 동양 최초의 예수교 국가

　이승만 집권 시기의 가장 중요한 종교적, 문화적인 특징은 기독교와 기독교 문화의 확산이다. 이십대 초반의 한성 감옥 시절에 사형수 이승만은 "동양 최초의 기독교 국가 건설"을 꿈꾸었다. 그 꿈은 그의 일생을 통해서 추구되었다. 그가 건국 대통령이 된 것은 기독교 국가를 세울 수 있는 일생일대의 기회가 그에게 주어졌음을 뜻한다.

　이승만을 가까이에서 겪은 이들은 한결 같이 그가 독실한 기독교 신자였음을 증언한다. 그의 오랜 동료 올리버의 말이다.

　"이승만 박사와 부인은 매일 밤 잠자리에 들기 전에 성경 구절을 서로 소리 내어 읽어주는 것을 습관으로 삼았다. 그는 마태복음을 좋아하였고, 대통령에 재직한 파란 많은 기간 동안 그의 마음은 예수님이 설교하던 그런 심정에 가끔 빠지곤 하였다.

　'나는 평화를 주려고 온 것이 아니라 칼을 주려고 왔노라.' 또는 '누구든지 자기 생명을 구하려 하는 자를 이를 잃으리라' 그리고 '흐르는 모래 위에 지은 집은 설 수가 없나니' 같은 말씀을 자주 인용했다.

외부로부터의 압력이 특히 강할 때, 그는 반드시 충분히 시간을 내어 정원으로 나가 전지용 가위를 손에 잡고 나무숲에서 혼자 일을 하면서 보내든가 아니면 작은 배를 띄우고 고기잡이를 나갔다. 때때로 그는 나를 데리고 갔지만 언제나 그것은 대화의 시간이 아니라는 양해가 전제되었다. 그의 명상은 절반이 기도였다."

사생활에서 기도에 몰두했던 그는 공적인 영역에서도 자연스럽게 하나님을 언급하고 기도의 기회를 만들었다. 1946년 3.1절 기념 행사에서 한민족이 '하나님의 인도 하에' 영원히 자유 독립의 위대한 민족으로서 정의와 평화의 복을 누리도록 노력하자고 연설했다.

1948년 5월 31일 제헌국회가 개회할 때, 국회의장 이승만은 "하나님께 감사드리지 않을 수가 없는 것은 종교 사상에 무엇을 가지고 있든지 누구나 오늘을 당해 가지고 사람의 힘만으로 된 것이라고 우리가 자랑할 수 없을 것이기 때문"이라고 말했다.

'종교 사상에 무엇을 가지고 있든지'라는 표현은 이승만이 기독교인들이 아닌 사람들을 염두에 두고 있었음을 보여주는 것이었다. 그럼에도 불구하고 그는 하나님의 은혜로 나라를 되찾고 국회를 열게 되었다고 고백했다. 이어서 이승만 국회의장은 국회의원이자 목사였던 이윤영에게 대표 기도를 요청했다.

국회의원 전원이 기립한 가운데 이윤영은 "거룩하신 하나님의 뜻에 의지하여 저희들은 성스럽게 택함을 입어가지고" 민족의 대표가 되었음을 고백했다. 최초의 국회의원들이 모두 일어서서 기도를 올리는 가운데 이 나라 국회가 시작된 것이다.

이승만과 이윤영의 거듭된 신앙 고백은 우리의 독립과 민주주의 실현을 위한 국회의 개원이 모두 하나님의 은혜로 가능했다는 공식적인 언급이었다. 국회 개원식의 기도는 우리나라 국회 속기록 제 1호, 관보 (官報) 제 1호에 그대로 실려 있다. 그것은 대한민국의 출발과 기독교 신앙의 관계를 분명히 보여주는 역사적인 증거이다.

이승만은 공적인 자리에 취임할 때마다 계속해서 기독교 신앙을 언급했다. 그의 가슴에 담겨있던 동양 최초의 기독교 국가 건설이라는 건국 이념은 자연스럽게 표현되었다. 국회의장 자격의 〈맹세문〉에서 "하나님과 애국선열과 삼천만 동포 앞에" 선서했으며, 〈국회 개원식 축사〉에서는 "하나님과 삼천만 동포 앞에서" 국가 발전에 분투할 것을 맹약했다.

대통령직에 취임하면서는 "하나님과 동포 앞에서 나의 직무를 다하기로 일층 더 결심"한다고 맹세하였다. 이승만은 기독교 국가들의 선례에 따라 성경에 손을 얹고 선서했다.

이처럼 건국을 주도한 최고 지도자가 거듭되는 공식 행사에서 기독교 신앙과 기독교 의식을 따름으로써, 제 1공화국의 국가 의전은 자연스럽게 기독교식으로 진행되었다. 이는 기독교 신앙의 확산에 적지 않은 영향을 끼쳤다.

국가 의전의 기독교화에서 주목할 만한 것은 '국기에 대한 경례'이다. 일제 시대의 종교는 천황 숭배였다. 천황이 국가의 지도자였기에 그것은 자연스럽게 국가 종교로 이어졌다. 국기에 대한 경례도 종교적인 색채를 띤 배례(拜禮)로 진행되었다. 국기 앞에서 허리를 굽히고 절을 해야 하는 의식이었다.

해방 이후에도 국기배례는 계속되었다. 이 제도가 바뀐 계기는 초등학생들에 의해서 일어났다. 1949년 4월 28일 경기도 파주의 한 초등학교에서 초등학생 신자 몇 명이 국기에 대한 배례를 거부했다. 천황 숭배와 국가종교가 남긴 우상 숭배적 습성에 저항한 것이다. 이에 교장이 학생들을 퇴학시켰고 교회의 항의가 일어났다. 한국 기독교 연합회는 5월 11일 대통령에게 국기배례를 주목례(注目禮)로 변경할 것을 요청하는 진정서를 제출했다.

기독교인 이승만 대통령은 즉각 기독교계의 건의를 수용했다. 따라서 배례는 주목례로 바뀌어졌다. 국기에 대하여 허리를 굽히고 절을 하는 의식은 없어졌다. 대신 오른손을 왼쪽 가슴에 올려놓고 국기를 주목하는 형식이 실시되었다. 종전에 사용하던 "배례"라는 구령도 "주목"으로 바뀌었다. 어린 초등학생들의 순수한 신앙이 나라 전체에서 사용되는 의식을 바꾼, 주목할 만한 사례이다.

1951년 12월 미국교회의 구호활동 단체인 기독교 세계 봉사회의 책임자로 일하고 있던 아펜젤러 (Henry D. Appenzeller) 목사와 〈크리스찬 센추리〉 기자를 만났을 때 이대통령은 한국에서 "기독교인들의 영향이 도처에서, 정부에서, 국회에서, 나라 전체에서 감지된다"라고 말했다.

그것은 당시 기독교인이 전체 인구의 5%에도 못 미치는 한국 사회에서 기독교가 국가 지도부는 물론 사회 전반에 커다란 영향을 미치고 있다는 것을 시사하는 발언이었다. 실제로 그가 임명한 135명의 장관급 고위직 가운데 거의 절반인 47.7%가 기독교인이었다.

이는 교회가 서구의 발전된 문물을 받아들이는 창구 역할을 했던 역사와 관련이 있다. 기독교인들은 교육 수준이 높았고 독립 운동에도 앞장섰다. 이승만 외에도 김구, 김규식, 여운형 등 해방 정국의 지도자들이 모두 독실한 기독교인이었다.

김구는 기독 청년회의 총무로 황해도에서 기독교 교육에 전념했었다. 이승만은 YMCA 총무를 비롯한 다양한 기독교 활동 경력을 가지고 있었다. 김규식은 언더우드 선교사의 보호를 받으며 성장했다. 여운형은 직접 교회를 세우고 7년간 전도사로 일하기도 했다. 당시의 교회가 인재를 길러내는 요람이었음을 보여주는 사례들이다.

이승만에 의한 기독교인 등용은 비판의 여지를 남기기도 했다. 제 1공화국이 부정부패로 얼룩지면서 기독교인들에게도 연대 책임이 물려졌기 때문이다. 신생 공화국의 기초를 놓는 힘난한 작업을 하나님이 주신 사명으로 알고 최선을 다한 기독교인 지도자들이 있었다. 그들의 노력으로 대한민국은 건국의 성공 사례로 꼽히기도 한다.

그러나 정반대로 요직에 오른 기독교인들의 잘못된 처신으로 우리 역사가 후퇴하고 교회가 비난을 받기도 했다. 기독교인이 지도자가 되는 것은, 이처럼 양날의 칼이다.

한국의 복음화에 획기적으로 기여한 것으로 군종(軍宗) 제도를 들 수 있다. 이것 역시 이승만 정권에서 시작되었다. 1951년 2월 7일 전쟁의 와중에 군종 제도가 공식적으로 실시되어 39명이 활동을 시작했다. 1952년 초까지 80명의 군종이 배치되었다. 약 1년 동안 육군, 해군, 군병원에서 활동했는데, 정확한 숫자는 파악되지 않지만, 개종자는 무려 수만 명에 이르렀다. 1954년에 이르러서는 전체 군 장병 가운데 개신교도 20%, 천주교도 4%

로 기독교인 숫자가 비약적으로 증가했다. 1950년대 중반 교회사가 김양선은 "군종 사업은 한국 기독교 반세기에 있어서 가장 중요하고 위대한 획기적인 사실"이라고 평가했다.12)

국가 의식의 기독교화, 국기 주목례 실시, 기독교인 등용, 군대의 군목 제도와 형무소의 형목 제도 등이 기독교의 확산을 위한 이승만의 대표적인 노력이었다. 그 외에도 대통령은 기독교 신문과 방송국, YMCA를 지원했다.

이승만의 노력은 당대의 교회 지도자들에게 인정받기도 했다. 1952년 3월 김인서는 기독교 건국 이념을 "대통령 자신이 실천하고 있음은 물론 정치면에서도 실시하고 있다"고 평가했다.

대통령 혼자서만 기독교 건국을 향해서 노력한 것은 물론 아니다. 신탁통치가 결정된 직후인 1946년 1월 1일에서 3일까지, 한국교회는 미국과 소련의 분할 점령 하에 있는 조국의 완전한 독립을 위하여 금식하며 기도했다. 기독교인들이 다양한 위치에서 기독교 건국을 위해서 노력했다. 십자가의 건국 이념, 그리스도의 사랑의 사회적 구현을 추구하는 기독교 단체가 설립되기도 했다.

기독 신민회는 설립 취지서에서 다음과 같이 밝히고 있다.

"금일의 조선 기독교인은 국가의 흥망, 종교의 성쇠를 확고히 인식하여... 종파, 교리, 교의에서 단연 초월하여 대동단결로서 일대 구국 운동에 참가할 것이다. 기독교인을 중심으로 결합한 민족 신생 운동은 기독교 자신과 조국 조선을 멸망의 그 위기에서 구출 보호할 유일한 방법이다."13)

대통령과 교회, 정치인들과 각계각층의 국민들이 합심하여 기독교의 확산에 주력했다. 그 결과는 놀라웠다. 해방 당시 10만명 전후에 불과했던 기독교인은 이승만이 물러난 1960년 114만 명으로 증가했다. 이는 아시아에서 유례가 없는 기독교의 폭발적인 성장이었다. 이승만이 감옥에서 품었던 동양 최초의 기독교 국가라는 비전이 현실이 된 것이다.

이승만을 깊이 연구한 이들은 한결 같이 그의 반공 노선은 기독교에서 비롯되었다고 주장했다. 무신론인 공산주의로부터 기독교인과 대한민국을 지키려는 목적에서 반공을 강하게 주장했다는 것이다.14)

따라서 이승만 이후로 '반공 기독교'는 한국교회의 강한 전통이 되었다. 오늘날에도 탈북자 구출 사역, 북한 민주화를 위한 투쟁에 상당수 교회와 기독교인들이 앞장서고 있다. 이승만이 세운 전통이 아직까지 이어지고 있는 것이다.

이승만은 흔히 모세에 비유된다. 실제로 이승만과 모세 사이에는 유사점이 많다. 젊은 모세가 노예였던 민족을 구출하려다가 실패하고 피신했던 것처럼, 이승만 역시 독립 운동을 하다가 망명했다. 모세기 이집트의 학술과 히브리인의 신앙을 두루 섭렵했던 것처럼 이승만도 동양과 서양의 학문에 통달했다.

모세가 탁월한 신앙과 필치로 오경을 기록한 것처럼, 이승만도 필력(筆力)을 발휘하여 신앙과 애국 정신이 담긴 글들을 남겼다. 모세가 노예들을 이끌어 민족 공동체를 형성한 것처럼, 이승만도 식민지 백성을 대한민국 국민이 되도록 이끌었다.

개인사(個人事)에도 비슷한 점이 많다. 모세와 이승만은 모두 고령의 나이에 최고 지도자에 취임했다. 모세의 아내 십보라는 미디안 여인이었고 이승만의 아내 프란체스카는 오스트리아 여인이었다.

두 사람 모두 기도의 사람이었다는 공통점도 있다. 그리고 안타깝게도 두 사람의 가장 간절한 기도가 응답되지 못했다는 공통 분모도 있다. 모세는 젖과 꿀이 흐르는 땅을 멀리서 바라보았지만, 들어가지는 못했다.

이승만도 일평생 기도했다. "우리 민족도 다른 민족 못지 않게 잘살 수 있는 기회를 주십시오. 그리고 그런 기회가 올 때에 나로 하여금 알게 하여 주십시오."15) 이승만은 자유롭고 번영한 조국을 소원하며 일평생 기도했다. 하지만 젖과 꿀이 흐르는 풍요로운 조국은 모세에게도 이승만에게도 허락되지 않았다. 이승만은 끝내 발전된 조국을 보지 못하고 세상을 떠났다. 그의 기도는 그의 후예들에 의해서 성취되었다.

대한민국 발전의 비결

대한민국의 발전상은 연구 대상이다. 질문은 수평적으로 그리고 수직적으로 던져진다. 수평적으로 따져보면, 2차 대전이 끝난 뒤에 새로 세워진 나라는 무려 140여개였다. 그 가운데 산업화와 민주화에 동시에 성공한 유일한 나라가 대한민국이다. 그것도 가장 빠른 속도로, 불가피하게 가슴 아픈 희생을 치르기는 했으나, 대가를 최소화하면서 성취해냈다. 그 요인은 무엇이었을까?

수직적인 질문도 마찬가지이다. 반만년 유구한 역사를 이어오면서 한반도에 여러 나라들이 세워졌고 무너졌다. 한때 융성했던 적도 있었지만, 그때조차도 백성들 사이에는 가난과 무지, 굶주림이 만연했다. 대한민국 직전의 나라, 조선의 경우를 보아도 분명하다.

세계 기록문화 유산으로 지정된 〈조선왕조실록〉에는 세계에 내보이기

부끄러운 기록들이 계속 반복된다. 518년 조선 역사상 한해도 거르지 않고, 어딘가에서 흉년이 들어 누군가 굶어죽었다는 내용이 나온다.

〈조선왕조실록〉을 48권의 책으로 펴낸 원로 극작가 신봉승은 조선인들의 경제적인 삶을 한마디로 요약한다. "백성들이 초근목피(草根木皮)로 연명한다."[16]

"초근목피"라는 말에 가슴이 저려온다. 아직도 현재 진행형이기 때문이다. 북한 땅에서는 지금도 나무 껍질을 먹고 풀뿌리를 캐다가 지쳐 쓰러진 사람들이 허다하다. 필자는 실제로 압록강과 두만강을 건너 만주 벌판에 팔려다녔던 탈북자들에게 질문한 적이 있다.

"처녀몸으로 팔려 다닐 걸 알면서, 왜 탈출했습니까?" 어리석은 질문인줄 알면서, 어느 정도 답을 예상하면서 질문했지만, 예상치 못한 답변이 들려왔다

"나무 껍질을 5년, 10년 먹으면 사람이 미쳐서 눈에 보이는 게 없어요. 제발 나무 껍질 먹는 삶에서 벗어나고 싶다는 마음으로 강을 건넜어요."

우리는 본래 초근목피였고 북한에서는 여전히 초근목피이다. 그런데 대한민국은 비만을 걱정해야 할 정도로 잘 먹는 나라가 되었다. 그 이유는 도대체 무엇일까?

한국 역사학계의 원로 유영익은 그 공로를 건국의 주역들에게 돌린다. 대한민국 초창기에 국정 주역들이 추진하여 성사시킨 제도 개혁들이 있어서, 대한민국이 비약적으로 발전할 수 있었다는 분석이다.

그가 열거하는 제도 개혁들은 농지 개혁, 교육 개혁, 강군 육성, 여성 해방, 기독교 교육 등이다. 이런 개혁들이 있었기에 우리 민족이 유사 이래

처음으로 경제적 풍요와 정치적 자유를 누릴 수 있었다.

동시에 그것이 1945년 이후 탄생한 여러 신생국 가운데 유독 대한민국만이 경제 발전과 정치 민주화를 달성할 수 있었던 비결이라고 그는 주장한다. "대한민국 발전의 비결"이라는 유영익의 연설문에서 일부를 인용한다.

"저는 역사학자로서 지난 60년간 대한민국이 비약적으로 발전할 수 있었던 근본 요인은 제 1공화국기(1948-1960), 그중에서도 특히 1948년부터 1953년까지의 '건국 초창기'에 이승만 대통령과 그를 지지하는 일군의 입법의원 및 행정 관료들 - '대한민국 초창기 국정 주역들'이라고 부를 수 있는 세력 - 이 신생 공화국을 미국을 벤치마킹(Benchamrking)한 '모범적인' 자유 민주주의 국가로 만들기 위해 자율적으로 추진한 일련의 획기적 제도 개혁을 통해 이 나라의 '우매한 백성'을 유능하고 발전 지향적인 '새로운 국민'으로 만들었기 때문이라고 생각합니다."[17]

'우매한 백성' 안에는 폭발적인 잠재력이 숨어있었다. 정치적으로 압박받고 경제적으로 굶주리며 교육적으로 까막눈이었던 동안, 그 폭발성과 잠재력은 숨도 못 쉰 채 눌려있었다.

하지만 누르던 힘을 치워버리고 정치적인 자유와 경제적인 기회를 주고 교육을 제공하자, 수백 년 눌려왔던 에너지가 한꺼번에 솟구쳤다. 그 솟구치는 활력으로 비약적인 발전을 이룬 것이다.

그것은 유영익의 연설이 적절하게 지적한 것과 같이, 이승만과 건국 주역들의 위대한 공헌이었다. 동시에 그것은 한성 감옥에서부터 이승만의 가슴에 심기웠던 불꽃이 대한민국으로 옮겨 붙어 맹렬한 불길로 타오른 결과였다.

그는 스물아홉 살에 「독립정신」에서 교육을 통해 백성이 활력을 되찾아야 한다고 부르짖었다. 서른 살에 쓴 〈제국신문〉 논설에서 "이는 토지 인물이 남만 못한 것이 아니요, 다만 기풍을 열어주지 못한 연고라, 책망이 위에 있는 이들에게 돌아갈 수밖에 없나이다."라고 외쳤다.

우리의 땅, 우리나라 사람이 못난 것이 아니고 백성들의 기풍을 열어주지 않고 억누르고 죄이고 괴롭히고 닫았기 때문에 낙후될 수밖에 없음을 지적한 것이다. 그 책임은 고스란히 위정자들에게 있다는 것이 이승만의 생각이었다.

유영익이 열거한 대한민국의 제도 개혁들은 모두 백성들의 기풍을 열어주고 활력을 되찾아주기 위한 방법이었다. 이 나라 국민들을 향한 이승만의 기대와 애정과 예측은 적중했다. 활력을 되찾고 기운을 회복한 한국인들은 무서운 속도로 발전을 향하여 질주했던 것이다.

한반도의 우매한 백성이 새로운 국민으로 바뀔 수 있다는 가능성을 미리 내다본 외국 여인이 있었다. 이사벨라 비숍 (Isabella Bird Bishop) 여사이다. 그녀는 여성으로서는 최초로 영국의 왕립 지리학회 회원이 된 저명한 지리학자였다. 청일 전쟁 이후 한반도와 그 주변을 두루 여행했다.

그녀가 쓴 「한국과 그 이웃 나라들」의 한국어 번역본에는 "백년 전 한국의 모든 것"이라는 부제가 붙어있다.18) 책을 찬찬히 읽어보면, 부제가 결코 과장만은 아니라는 것을 느끼게 된다. 그녀는 1894년부터 네 번이나 한국을 방문했고 11개월에 걸쳐서 현지답사를 했다.

'해가 지지 않는 나라' 대영 제국의 전성기에 '여성들의 우상'으로 불릴 만큼 지명도가 높았던 세계적인 지리학자가 최상층 왕실에서부터 최하층 빈민에 이르기까지, 조선의 속살을 속속들이 들여다보면서 쓴 책은 중요한 정보들을 수없이 담고 있다.

그녀가 방문했던 조선은 멸망을 향해서 기울어가던 나라였다. 이사벨라 비숍은 말한다. "나는 서울을 밤낮으로 조사하면서 그 왕궁과 빈민가를, 빛 바래가는 왕조의 광휘와 필설로 형용할 수 없이 궁핍한 삶을 보았다."

세계 곳곳을 여행하면서 수많은 기록을 남겼던 그녀의 눈에도 조선인들의 가난은 '형용할 수 없이 궁핍한 삶'이었다. 그녀가 만난 한반도의 조선인들은 무능력했고 게을렀고 도무지 의욕이 없었다.

그런데 시베리아의 한국인 정착촌을 방문했을 때, 그녀는 깜짝 놀랐다. 시베리아 프리모르스크의 한국인 마을들에 대한 여행기는 성공담으로 가득 차 있다.

"이 모든 멋진 지역들은 한국인들에 의해서 개척된 것이다. 그에 비해 비참하고 금방 쓰러질 것 같은, 거의 눈에 띄지 않는 중국인들의 집은 설명의 여지가 없다. 농장 경영자로서건 농장의 소유자로서건 한국인들은 자신의 토지를 최고의 것으로 만든다...

여행자들이 내가 이곳의 한국 가정에서 느꼈던 것보다 더 온화한 친절과 더 깨끗하고 더 안락한 편의 시설을 접한다는 것은 불가능하리라고 생각된다."

비숍의 증언은 극단을 오간다. 조선의 임금이 있는 서울에서는 필설로 형용할 수 없는 가난을 보았다. 반대로 조선의 빈민들이 정착한 시베리아에서는 더 이상 안락하기가 불가능한 편의 시설이 있었다. 그것은 시설의 문제가 아니라 사람의 문제였다. 사람의 문제는 곧 정치와 제도의 문제였다.

비숍은 말한다.

"한국에 있을 때 나는 한국인들을 세계에서 제일 열등한 민족이 아닌가 의심한 적이 있고 그들의 상황을 가망 없는 것으로 여겼다. 그러나 이곳 프리모르스크에서 내 견해를 수정할 상당한 이유를 발견하게 되었다.

이곳에서 한국인들은 번창한 부농(富農)이 되었고 근면하고 훌륭한 행실을 하고 우수한 성품을 가진 사람들로 변해갔다. 이들 역시 한국에 있었으면 똑같이 근면하지 않고 절약하지 않았을 것이라는 점을 명심해야 했다.

이들은 대부분 기근으로부터 도망쳐 나온 배고픈 난민들에 불과했다. 이들의 번영과 보편적인 행동은 한국에 남아있는 민중들이 정직한 정부 밑에서 그들의 생계를 보호받을 수 있다면 진정한 의미의 '시민'으로 발전할 수 있을 것이라는 믿음을 나에게 주었다."19)

한국에 있었으면 세계에서 제일 열등한 민족처럼 살았을 백성들이, 시베리아에 옮겨놓았더니 근면하고 훌륭한 시민이 되었다는 말이다. 그 차이점을 낳은 것은 생계를 보호받을 수 있는 '정직한 정부'였다. 비숍 여사는 한국에서의 목격담을 말한다.

"그들은 게을러 보인다. 나는 정말로 그렇다고 생각했었다. 그러나 그것은 한국인들이 자기 노동으로 취득한 재산이 전혀 보호되지 않는 체제 아래 살고 있기 때문이다.

이를테면 만일 어떤 사람이 '돈을 번' 것으로 알려지거나, 심지어 사치품인 놋쇠 식기를 샀다고 알려지기만 해도, 근처의 탐욕스러운 관리나 그의 앞잡이로부터 주의를 받게 되거나, 부근의 양반으로부터 빚을 갚도록 독촉

당하는 식이었다."

비숍의 기록에는 한반도 전체가 모두 담겨있다. 개인의 재산을 보호해주지 않는, 다시 말해 사유 재산을 인정하지 않는 북녘에서는 가망 없고 기약 없는 삶이 이 순간에도 고통스럽게 이어지고 있다. 그것은 입으로는 '봉건타파'를 외치면서, 실제로는 조선식 봉건제를 더욱 악화된 형태로 고수하고 있는 북한 집권 세력의 책임이다.

반대로 사유 재산을 인정하고 국민들이 스스로 행복을 추구할 권리를 보장한 남녘에서는 비숍 여사가 쓴 단어 그대로, 시민들이 번영을 누리고 있다. 그것은 누구도 부인할 수 없는 이승만과 건국 세력들의 업적이다.

제 7 장

한국 전쟁과 '국민'의 탄생

▲ 1953. 6. 18 반공포로 석방 사건을 알리는 신문. 세계 최강 미군(美軍)을 기습하여 강제북송당할 위기에 처해있던 27,389명을 구출한 후, 이승만은 "내 책임 하에 명령했다"고 당당하게 선언했다.

▲ 태극기 휘날리며 자유를 향하여 행진하는 반공포로들. 그들은 강대국에 맞서 약소국의 젊은 생명들을 구한 인물이 누구인지를 알고 있었다.

제 **7** 장

한국 전쟁과 '국민'의 탄생

전쟁 이전, 눈물겨운 노력들

6·25는 끔찍했다. 이는 여러 가지 통계에서도 분명하게 드러난다. 1930년대 이후로 일본인들은 세 차례 전쟁을 치렀다. 만주 사변, 중일 전쟁, 태평양 전쟁이었다. 중국과 미국이라는 강대국을 대상으로 15년간 지속되었기에 "15년 전쟁"이라고 부른다. 그런데 일본의 15년 전쟁보다 3년간의 한국 전쟁 사망자 숫자가 더 많다.

2차 세계 대전은 유럽 전체에서 전개되었다. 수많은 나라들이 전쟁터로 변했다. 유럽 대륙 전체에 6년간 뿌려진 폭탄보다 더 많은 양이 좁은 한반도에서 3년간 뿌려졌다. 함석헌(咸錫憲) 선생의 표현처럼 "나라를 온통 들어 잿더미, 시체더미가 되게 만든 싸움"이었다.

6·25 직전의 상황을 보면, 누가 애국이고 누가 매국(賣國)인지가 분명하다. 해방에서 전쟁에 이르기까지 공산주의자들은 끊임없이 암살, 폭동, 반란을 일으켰다. 우리 정부는 공산 게릴라들을 진압하며 조금씩 남한을 안정

시켜가고 있었다. 당시 대한민국의 물리력은 치안을 유지하고 공산 세력을 힘겹게 제어할 정도였다.

그런 상황에서 북한 정권은 공식적으로 공화국의 수립을 선포한 직후부터 남침을 위한 본격적인 행보를 이어갔다. 1948년 9월 9일 북한 최고 인민위원회는 소련군의 철수를 요구했다. 이미 소련제 무기로 무장하였고 소련의 지령에 따라 움직이고 있으면서도, 겉으로는 외국 군대의 철수를 요구함으로써, 민족적이고 자주적인 모양새를 연출했다.

소련은 즉각 북한의 제안을 수용했다. 동시에 미군과 소련군의 동시 철수를 요구했다. 소련 공산당 기관지 〈프라우다〉는 1948년 9월 14일 "모든 외국 군대의 동시 철수는 혼란이나 내전으로 이끌게 될는지 모른다는 취지의 주장들은 전혀 근거가 없으며 한국 국민의 국가적 존엄성에 공격을 가하는 것이다" 라고 주장했다. 북한과 소련은 잘 짜여진 시나리오대로 진행하고 있었다.

문제는 북한과 소련에게 장단을 맞추어주는 자들이 있었다는 점이다. 나라가 위태로운 지경인데도, 좌파 국회의원들은 미군 철수를 주장하고 나섰다. 1948년 9월, 북한에서 소련군 철수를 요구하는 것과 보조를 맞추어 남한에서도 미군 철수 요구가 터져나왔다. 그네들이 내건 명분은 '민주주의'였다. 10월 13일에는 좌파 성향 국회의원 40여명이 미군 철수안을 제출했다.

소련과 북한 역시 미군 철수 요구를 되풀이 했다. 어차피 미국은 한반도의 전략적 가치를 낮게 평가하고 체면을 구기지 않는 철수를 의도하고 있었다. 이런 여러 가지 상황이 맞물리면서 1949년 6월 미군은 이 땅을 떠났다.

그것은 곧 남침의 초대장이었다. 한반도에서 미군이 떠나면서, 남북 간에

균형을 이루던 군사력이 한쪽으로 기울어졌다. 그것이 전쟁으로 이어졌다. 오늘날까지도 북한의 대남 공작 제일 순위는 주한 미군 철수이다.

    이승만은 미군 철수를 막으려고 백방으로 노력했다. 어쩔 수 없이 철수가 이루어진 다음에는 한반도에서 위험한 상황이 벌어질 경우, 미국의 도움을 받을 수 있는 여지를 만들고자 부단히 애썼다. 우리 힘으로 우리나라를 지킬 수 있다면 더없이 좋겠지만, 세계에서 가장 가난한 나라가 최강 수준의 소련으로부터 훈련을 받고 최신식 소련제 무기로 무장한 북괴군을 막을 수는 없는 형편이었다.

    이승만은 미국의 지원을 얻기 위해서 파격적인 제안을 했다. 일제 시대에 일본이 만든 해군 기지였던 진해를 미군에게 맡기고 군사 원조를 받으려고 했다. 어떻게 해서든지 한반도에 미군을 끌어들이고 달러도 벌어서 맨 주먹뿐인 군대를 무장시키려고 고심 끝에 생각해낸 방법이었다.

    그런데 국가의 운명이 걸린 대통령의 밀서를 가지고 가던 외교관이 사고를 쳤다. 중간 경유지인 일본에서 기생들과 놀아나다가 대통령의 친서를 잃어버린 것이다. 그 당시 이 나라의 수준이 그 정도였다. 훈련된 외교관 한 사람 없는 형편이었다.

    하는 수 없이 이승만은 여류시인 모윤숙에게 밀서 전달을 맡겼다. "윤숙이, 누구에게도 알리면 안 돼요. 뉴욕의 존 스태거 씨에게 꼭 전해야 합네다." 문서를 건네주는 노(老)대통령의 목소리가 떨렸다.[20] 그러나 시인까지 동원한 대통령의 간청은 거절당했다.

    우리나라 초기의 역사를 되짚어보면, 나라는 작았지만 대통령은 컸다.

그 당시 국력의 크기와 무관하게 이승만은 세계적인 인물이었다. 이승만이 개인적으로 쌓아올린 인맥들이 대한민국에 영향을 끼친 사례가 적지 않았다.

그중의 한 인물이 맥아더 장군이다. 건국과 전쟁에 이르는 동안, 한미 관계의 막후에서는 이승만 박사와 맥아더 장군의 깊은 인간적 관계가 큰 역할을 했다. 맥아더는 대한민국과 이승만에게 일관되게 호의적이었다. 외교계의 원로인 박실(朴實)은 이를 "친분 외교의 표본"이라고 표현한다.21)

두 사람에게는 공통점이 많았다. 명석한 두뇌, 추종자들을 열광케 하는 카리스마, 결단코 주변에 도전자를 허용치 않은 경쟁심, 일본 제국주의와 공산주의에 대한 강렬한 적개심, 그리고 자신과 조국을 동일시하는 독특한 에고(ego)와 영웅심, 독실한 기독교 신앙 등, 놀랄 만큼 비슷했다.

두 사람의 인연은 오래되었다. 이승만이 프린스턴 대학교에서 박사 과정을 할 때, 맥아더가 소령이었던 시절부터 알아왔다. 맥아더의 장인이 이승만이 한국 독립을 지지하는 미국인들을 모아서 결성한 '한국 친우회'의 멤버이기도 했다.

맥아더가 당시의 미군으로서는 드물게, 동양을 이해하는 인물이었다는 점도 두 사람의 친교에 커다란 도움이 되었다. 동양, 특히 극동 지역에 대한 맥아더의 관심은 청년 시절부터였다. 그의 아버지 아서 맥아더 장군은 1905년 테어도어 루즈벨트 대통령의 특별 군사 사찰 단장으로 러일 전쟁을 관전하기 위해 한반도와 중국 북부에 파견되었다.

이때 청년 맥아더가 동행했고, 그때부터 극동 지역에 관심을 갖게 된 것으로 보인다. 사령관이 된 맥아더는 1937년 이후 1951년에 해임될 때까지 15년간 줄곧 아시아, 태평양 지역에 머물렀다. 이 기간 중 미국에는 한 번도 방문하지 않았다는 기록도 있을 정도이니, 글자 그대로 '아시아에 사는 사람'이었다.

맥아더는 독립 운동가 이승만을 "결단성 있고 타협할 줄 모르는 당대의 영웅적인 항일 투사"라고 격찬했다. 시대를 앞서가는 반공주의자였던 맥아더에게, 국제 정세를 같은 방향으로 읽고 있던 이승만의 대통령 취임은 각별한 의미를 지닌 것이었다. 그는 자신이 존경했던 노(老)애국자이자 오랜 친구가 자신의 나라를 건국할 때 직접 참가했다.

1945년 8월 15일, 중앙청에서 열린 건국 기념행사에서 맥아더는 진심이 담긴 연설을 했다. 그는 1882년 한미 수호 통상조약을 상기시키며 한국에 대한 지원을 약속한 뒤에 말했다. "이대통령 각하, 귀하와 신생 공화국을 돕기 위해 선출된 훌륭한 지도자들은 이제 정치적 경험으로서는 가장 복잡한 과제들에 직면하고 있습니다. 이 같은 문제들은 처리하는 방법에 따라 여러분 국민들의 단합은 물론 아시아의 장래가 결정될 것입니다. 하나님의 도우심이 함께 하기를..."

맥아더에 대한 이승만의 호의도 각별했다. 맥아더의 아버지 아서 맥아더 장군이 19세기 말 조선에 들렀을 때, 고종 황제는 향로를 하사품으로 선물했다. 하지만 맥아더는 2차 대전 중 작전을 수행하는 과정에서 향로를 잃어버렸다. 아버지의 유품이자 대한제국 황제의 하사품을 잃고 나서 맥아더는 매우 애석해했다.

그 정보를 입수한 이승만 대통령은 백방으로 수소문했다. 결국 맥아더의 아버지가 받았던 것과 같은 종류의 동제 향로의 소재를 찾아냈다. 그리고 건국의 날에 서울에 온 맥아더에게 바로 그 질동제 향로를 선물했다. 각별한 관심이 담긴 특별한 선물이었다. 이승만에게는 이렇게 섬세한 면도 있었다. 맥아더가 얼마나 감격하고 감사했을 지는 눈에 선하다.

대통령은 질동제 향로 1좌를, 국무총리는 순은제 신선로 1좌를, 그리고 조선 왕가의 순종비 윤씨는 청옥 화병을 각각 예물로 맥아더 부부에게 선사했다.

모든 일정을 마치고 도쿄로 돌아가던 맥아더는 절친 이승만의 등을 가볍게 두드리면서 말했다. "만일 한국이 공산주의자들에 의해 침공을 받는다면, 나는 캘리포니아를 방위하는 것처럼 한국을 방위할 것입니다."

신문들은 맥아더의 발언을 보도하면서, 단순하고 경망한 감상주의적 표현이라고 비웃었다. 하지만 훗날 맥아더는 자신의 말을 그대로 지켜서 이 나라를 위해서 싸웠다.

맥아더와 함께, 6·25 전쟁에서 중요한 역할을 한 인물이 존 포스터 덜레스(John Foster Dulles)이다. 그는 미국의 빠른 참전을 유도해서 대한민국을 살렸고, 이승만을 제거하려는 미국의 계획에 제동을 걸었으며 한미 동맹을 성사시킨 인물이다.

덜레스 역시 이승만이 공을 들여 관계를 맺은 인물이었다. 두 사람은 조지 워싱턴과 프린스턴 동문이기도 했다. 이 대목에서도 이승만 개인의 프로필이 대한민국에 끼친 긍정적인 영향력을 확인할 수 있다.

6·25 전쟁 직전, 덜레스는 미국 국무부 고문 자격으로 한국을 방문했다. 이 계획을 사전에 탐지한 장면 주미 대사는 즉각 서울로 와서 소식을 전하면서 전략을 세웠다. 미국 정계의 거물이었던 그를 국빈으로 융숭히 대접할

것, 무슨 일이 있더라도 꼭 38선을 시찰시킬 것, 가능한 한 국회연설을 시킬 것 등을 건의하고 덜레스의 한국 방문에 따른 사전 준비와 공작을 위해 서둘러 워싱턴으로 돌아갔다.

이승만과 장면, 조병옥은 라이벌로 유명하다. 최고 지도자의 자리를 놓고 이승만 대 장면, 이승만 대 조병옥, 장면 대 조병옥의 대결이 펼쳐졌기 때문이다. 하지만 건국 초기의 역사를 살펴보면, 그들은 명콤비였다. 유엔에서의 승인 외교, 덜레스 방문, 한국 전쟁 이후의 대미 외교에서 성격과 개성이 전혀 달랐던 세 사람은 환상적인 호흡을 보여주었다.

권력에 도전하는 것은 정치인의 본능이며 숙명이다. 정치인이기에 어쩔 수 없는 순간에는 치열하게 싸웠지만, 나라를 세우고 살리는 과정에서는 손발이 척척 맞아들어 갔다. 싸울 땐 싸우더라도, 나라를 위해서는 협력할 줄도 알았던 건국 세력들이 있었기에, 대한민국의 생존과 번영이 가능할 수 있었다.

이승만 대통령은 장면 대사의 건의를 그대로 받아들였다. 덜레스에게 한국의 위험한 안보 상황을 보여주고 미국의 지원을 받아내려고 노력했다. 덜레스가 방문한 바로 그날의 〈동아일보〉 사설에는 그때의 분위기가 여실히 나타나 있다.

"대한민국의 산파 덜레스씨여! 우리는 정성을 다하여 그대의 방한(訪韓)을 거족적으로 환영한다. 그대는 그대의 역량을 다하여 탄생케 한 이 어린애가 불우한 환경 가운데서 순조로운 발육이 되지 않았음을 보고 슬퍼하리라.

우리는 지금 무쌍한 귀빈이요, 은인인 그대를 맞이하고자 하는데 울고자

하지 않는다. 그러나 울지 않으려 해도 저절로 나오는 울음을 어찌하랴! 덜레스! 둘도 없는 덜레스! 그대를 충심으로 맞이하는 이 자리에서 저절로 나오는 이 눈물을 용서하라.

이 눈물이 무엇을 의미하는지 그대는 알고 있으리라. 덜레스, 눈물 젖은 우리들의 얼굴을 보라."

처량하고 애절한 기사는 차라리 절규에 가깝다. 대통령과 외교관과 언론이 간절한 마음으로 손과 발을 맞추어 대한민국의 생존을 위해서 애썼다. 정치적인 입장은 각자 달랐지만, 그들은 모두 애국자들이었다.

이승만은 덜레스와 의기투합한 사이였다. 그들은 서로를 높이 평가하며 존경하고 있었다. 반공주의자였다는 점에서 노선도 같았다. 하지만 두 사람의 회담은 화기애애하지만은 않았다. 이승만은 책상을 치며 미국의 정책이 틀려먹었다고 언성을 높였다.

미국이 한국을 극동의 방위권에서 제외해 놓고 군사원조 조차 제대로 안 해 주는 것을 비판하면서 중국을 포기한 일, 애치슨 발언 등에 대해서 분통을 터뜨렸다. 미국이 이런 식으로 하다가는 앞으로 크게 후회할 날이 있을 거라는 말도 덧붙였다.

훗날 덜레스가 한국에 대한 미국의 엄청난 지원을 결정하는 바로 그 당사자가 된 것에는 이날의 만남이 끼친 영향도 있으리라고 추측할 수 있다.

덜레스는 한국 정부의 안내를 따라 38선을 시찰했다. 그날이 1950년 6월 18일, 전쟁 발발 일주일 전이었다. 다음날 국회에서 덜레스는 의미심장한 연설을 했다.

"여러분들은 혼자 있지 않습니다. 여러분들이 인간의 자유라는 위대한

설세 속에서 여러분의 역할을 가치 있게 계속해서 수행하고 있는 한, 여러분들은 결코 혼자가 아닐 것입니다."

덜레스는 약속을 지켰다. 6·25 당일에 일본 교토에서 관광을 하던 그는 급보를 받고 즉각 도쿄에 있는 맥아더 사령부로 갔다. 그는 함께 했던 앨리슨 국장과 함께 애치슨 국무 장관에게 보내는 보고서를 작성했다. 그 보고서는 직접 트루먼 대통령에게 소개되어 미국의 빠른 참전 결정에 큰 영향을 미친 것으로 평가되고 있다. 장면과 이승만, 한국 정부의 노력이 비극 중에도 결실을 맺었던 것이다.

전쟁에 대비하기 위한 정부와 국민들의 노력은 눈물겨웠다. 그때 우리에겐 함정이 36척 있었지만, 거의 어선과 다를 바 없었다. 번듯한 전함(戰艦)을 하나 갖는 것은 이승만의 염원이자 해군의 소원이었다.

그 비원(悲願)을 모아 1949년 6월 '함정 건조기금 갹출위원회'가 발족했다. 나라에 돈이 없고 지원해주는 외국도 없으니, 군인들이 허리띠를 졸라맨 것이다. 해군은 봉급에서 성금을 떼어냈고 해군의 아내들은 천막에서 작업복을 지어 팔았다.

석 달간의 노력 끝에 모인 돈이 1만 5천 달러, 중고 전함 한척을 살 수 있는 돈이었다. 전함 구매단은 미국에 가서 무게 450톤의 전함을 샀다. 이미 퇴역해서 벌겋게 녹슨 배였다. 구매단은 수리공과 페인트공이 되어서 전함을 살리려고 애를 썼다.

이렇게 해서 최초의 우리 해군 전함이 된 것이 백두산함(艦)이다. 눈물겨운 과정을 거쳐서 우리 전력이 된 백두산함에는 눈물이 배어있었다. 그래서 백두산함이 움직일 때마다 눈물이 따라다녔다. 가는 곳마다 동포들을 울렸다.

　마스트에 태극기가 처음 걸릴 때는 군인이, 포와 레이더를 구하러 간 하와이에선 사탕수수밭 노동자가, 포탄을 사러 간 괌에선 징용갔다가 미처 돌아오지 못한 조선인들이 울었다. 처음엔 배가 너무 초라해, 나중엔 그래도 조국의 첫 전함이라는 뿌듯함에 눈물을 흘렸다.22)

　백두산함이 진해에 도착한지 한 달 반이 지나서 6·25전쟁이 터졌다. 백두산함은 혁혁한 전공(戰功)을 올렸다. 부산항으로 접근하던 소련제 수송선을 대한 해협에 수장(水葬)시킨 것이다. 거기엔 북한 특공대 600명이 타고 있었다.
　6·25 직전의 역사를 연구해보면, 어느 것 하나 저절로 되거나 공짜로 된 것이 없음을 알게 된다. 미국의 참전, 낙동강 방어선의 사수 등이 모두 대통령과 국민들의 노력으로 준비된 것들이었다. 건국 세력들의 눈물겨운 애국심이 있어서, 나라는 보존될 수 있었다.

전쟁의 발발과 미국의 참전

　비극적인 전쟁은 왜 일어났을까? 전통적인 견해는 남침설이다. 소련의 지원을 등에 업은 김일성이 공산화를 이루기 위해서 전쟁을 일으켰다는 견해이다. 여기에 반대하여 수정주의 이론이 등장했다. 미국 학자 브루스 커밍스가 제기하여 국내의 좌파 이론가들이 합세한 주장이다.
　수정주의자들은 전쟁이 어느 날 갑자기 터진 것이 아니라고 말한다. 식민지 시기부터 누적된 계급 갈등이 해방 후 크고 작은 반란과 충돌로 이어지다가, 결국 전쟁으로까지 확대되었다고 주장한다. 그네들은 미군정이 갈등을 증폭시켰다고 한다. 미국이 대중의 광범위한 지지를 받는 혁명적인 민주 노선을 억압하고 소수의 지주 계급을 옹호했다고 비난한다.

이처럼 토지 개혁을 둘러싼 갈등이 증폭되고, 계급 간의 대결이 고조되며 38선을 중심으로 크고 작은 충돌이 계속되면서 전쟁이 일어났다는 이론이 수정주의이다.

미군정이 민주 노선을 억압하고 지주를 옹호했다는 비난이나, 남한의 토지 개혁이 잘못되어서 갈등이 커졌다는 주장이나, 모두 사실 무근이다. 말도 안 되는 소리에 불과한 수정주의는 소련 연방의 해체로 결정적인 타격을 입었다.

소련이 멸망하면서 해제된 기밀문서들은 6·25 사변이 철저히 계획되고 준비되어 북한에서 일방적으로 일으킨 전쟁이라는 점을 생생하게 보여주었다. 충돌 과정에서 "자연스럽게" 터진 전쟁이 아니라 "의도적으로" 계획된 전쟁임이 입증된 것이다.

그러자 수정주의자들은 슬쩍 말을 바꾸었다. 어느 쪽이 전쟁을 먼저 일으켰는지는 중요하지 않고, 어차피 일어날 수밖에 없었다는 식으로 말을 돌렸다.

독일에서는 히틀러의 범죄에 대해서 철저히 가르친다. 특히 핵심이 되는 것은 2차 대전의 발발이다. 히틀러의 폴란드 침공으로 전쟁이 일어났다고 분명하게 가르친다. 히틀러의 의도적인 공격 때문이 아니고 그 당시의 국제 정세 때문에 어쩔 수 없이 전쟁이 일어났다거나, 한국의 너절한 수정주의자들처럼 크고 작은 갈등이 증폭되어서 전쟁으로 번졌다는 식의 주장을 하는 자들을 독일에서는 "극우 세력"이라고 부른다. 가끔씩 방송에 등장하는, 머리를 밀거나 가운데 한 줄을 남기고 히틀러 사진을 들고 다니는 한심한 녀석들이다.

그런데 독일의 "극우"가 한국에 오면 자칭 "진보"가 된다. 소위 진보 세력이라는 정당의 대표를 지낸 이정희는 6·25에 대한 질문을 받고 남침인지 북침인지를 확실히 대답하지 않았다. 그녀는 서울대 법대에 여학생 수석으로 입학했고, 학력고사 전체 수석이라는, 확실치 않은 정보가 널리 알려지기도 했다.

이름 난 학교 나왔고 전국 일등이라는 소문까지 난 국회의원이 이 땅에서 일어나 500만 이상이 죽은 전쟁을 누가 일으켰는지도 모른다. 글자 그대로 "배운 무식자"이다.

1949년 3월 5일 김일성은 모스크바를 방문하여, 남침을 허락해줄 것을 요청했다. 스탈린은 일단 거부했다. 그러면서도 대규모의 군사 지원을 제공했다. 1949년에는 한반도의 주변정세에 커다란 변화가 있었다. 미군이 철수했고 소련이 핵개발에 성공했다. 치열한 내전 끝에 광활한 중국 대륙을 공산당이 장악했다. 동북아시아의 정세는 공산주의자들에게 유리한 방향으로 흐르고 있었다.

1950년 1월 7일 김일성은 또다시 스탈린과의 면담을 요청했다. 그때 스탈린에게 보내는 메시지에서 김일성은 자신이 공산주의자로 훈련받았기 때문에 독단적인 행동을 하지 않을 것이며 "스탈린 동무의 명령은 자신에게는 법"(Orders given by Stalin are law for him)이라고 말했다.

이 대목은 "주체"를 앞세운 김일성이 사실은 엄청난 사대주의자(事大主義者)임을 보여준다. 일국의 지도자가 다른 나라 지도자의 말을 법으로 받든다면, 결코 독립일 수도 주체일 수도 없다. 이승만이 정확하게 지적한 것처럼, 한낱 꼭두각시일 뿐이다.

김일성의 충성 서약을 그대로 전해 받은 스탈린은 1월 30일에 전문을 보내어 남침을 허락했다. 1950년 4월 스탈린은 김일성에게 미국이 전쟁에 개입할 경우를 대비해서 모택동에게 협조를 받으라고 권유했다. 그에 따라 김일성은 모택동을 만났다. 모택동은 1950년 5월 13일, 만약 미국이 개입하면 중국이 병력을 파병하여 북한을 돕겠다고 약속했다.

이영훈은 "한국 전쟁은 주도면밀하게 기획되고 추진된 국제전"이었다고 말한다. 전쟁의 양상이 형언하기 힘들 정도로 참혹했던 것도 그 때문이었다.23)

전쟁이 발발하자, 이승만의 첫 번째 조치는 미국의 참전을 요청하는 것이었다. 6월 26일 새벽 3시, 도쿄에 있는 맥아더에게 전화를 걸었다. 부관은 장군이 지금 취침 중이니, 나중에 다시 전화하라고 말했다. 이승만은 전화통에 대고 소리를 질렀다. "한국에 있는 미국 시민이 한 사람씩 죽어갈 테니 장군을 잘 재우시오!"

놀란 부관이 당장 맥아더를 깨웠다. 이승만은 오랜 친구 맥아더에게 분노를 쏟아 부었다. "오늘 이 사태가 벌어진 것이 누구의 책임이오? 당신 나라에서 좀 더 관심과 성의를 가졌더라면 이런 사태까지는 이르지 않았을 것이오. 우리가 여러 차례 경고하지 않았소? 어서 한국을 구하시오." 맥아더는 한국을 돕겠다고 약속했다.

전쟁의 소식이 들렸을 때, 트루먼 대통령은 고향에서 주말을 보내고 있었다. 미주리 주 인디펜던스에 있던 그에게 딘 애치슨 국무 장관이 전화를 걸었다. 남침 소식을 듣자, 불과 10초만에 트루먼은 단호하게 말했다. "무슨 수를 써서라도 그 개자식들을 저지해야만 해!"

다음날 트루먼은 백악관으로 급하게 돌아갔다. 워싱턴으로 가는 비행기 안에서 트루먼은 생각에 잠겼다. 그는 훗날 자신의 회고록에서 그날의 기억을 술회했다. "나는 과거 민주국가들이 이런 공격을 저지하지 않아 침략자들이 그런 짓을 계속하도록 방치했던 일들을 생각했다. 만약 공산주의자들이 자유세계로부터 아무런 저지를 받지 않고서 한국을 침략할 수 있도록 허용된다면, 강한 공산국가를 이웃으로 두고 있는 작은 나라들은 협박과 공세를 견디지 못할 것이다. 이번 공격을 방치한다면 제 3차 세계 대전이 일어날 것이다. 비슷한 사건들이 제 2차 세계 대전을 불렀듯이."[24]

그날의 신속한 결단이 우리를 살렸다. 훗날 트루먼이 대통령에서 물러날 때 그의 지지도는 역대 최저였다. 한국 전쟁에서 엄청난 희생을 치렀기 때문이다. 하지만 그는 역사는 자신의 편이라고 믿었다.

그의 확신처럼, 오늘날 트루먼은 자유 진영이 공산 진영을 물리치는 토대를 구축한 위대한 지도자로 평가받고 있다. 그 첫 단추가 한국에서 끼워졌다. 미국은 한국 전쟁에 참여하여 공산주의에 맞서 싸울 것을 분명히 했다. 그것이 미국의 기본 정책이 되었다.

트루먼 노선에 따라 50여 년 간 싸움을 지속한 결과, 마침내 공산권을 무너뜨리고 승리를 거둘 수 있었다.

대한민국의 항전의지(抗戰意志)

전쟁 초기에 가장 중요했던 사건은 이승만과 트루먼이 즉각적으로 싸우기로 결정했다는 점이다. 어떻게 보면 당연하게도 생각되지만, 결코 당연하지 않다.

경제 문화 기술 대국이었던 중국의 송나라는 싸우려는 의지가 없었기에 거란, 여진, 몽골에게 차례로 뜯어먹히다가 비참하게 멸망했다. 서방 국가들이 계속해서 싸우기를 회피했기에 히틀러는 순식간에 세력을 확장할 수 있었다.

북한에서 조금만 위협을 가해도 일부 정치가들이 "전쟁이냐, 평화냐"라며 북한에게 고분고분하지 않으면 큰 일이 날 것처럼 국민들에게 겁을 주었기에, 조그마한 북한이 거대한 대한민국을 좌지우지할 수 있었다. 올리버가 이 점을 적절하게 지적했다.

"1950년 6월 25일의 그 외로운 일요일 아침, 공산 침략에 맞서 싸우기로 한 이승만의 결정은 자유세계가 궐기해 소련 제국주의 침략의 물결을 저지하도록 경각심을 불어넣는 계기를 만들었다. 희생은 한국이 치를 수밖에 없었지만 자유세계는 공산주의에 대항할 필요성을 깨닫고 준비에 필요한 시간을 얻을 수 있었던 것이다."25)

올리버의 지적은 정확하다. 이승만이 앞장서서 싸웠고, 자유세계는 그를 지켜보면서 싸워야한다는 것을 깨닫고 싸움을 준비할 수 있었다. 이승만은 세계적인 선구자였다.

이승만의 투지(鬪志)를 보여주는 유명한 일화가 있다. 전쟁 초기 낙동강 전선까지 밀렸을 때, 미국의 무초 대사는 정부를 옮길 것을 건의했다. 그는 최악의 경우 남한 전체가 공산군에게 점령된다 해도 망명 정부를 지속시켜 나갈 수 있다고 설명했다.

　무초가 한참 열을 올려 이야기하고 있을 때, 이승만 대통령이 허리에 차고 있던 권총을 꺼내들었다. 순간 무초는 입이 굳어져버렸고 얼굴색이 하얗게 질렸다. 대통령은 권총을 아래 위로 흔들면서 말했다. "이 총으로 공산당이 내 앞까지 왔을 때 내 처를 쏘고, 적을 죽이고 나머지 한 알로 나를 쏠 것이오. 우리는 정부를 한반도 밖으로 옮길 생각이 없소. 모두 총궐기하여 싸울 것이오. 결코 도망가지 않겠소."

　일흔 다섯, 노(老) 대통령의 기세에 무초 대사는 기절초풍할 정도로 놀라서, 아무 말도 못하고 돌아갔다. 놀란 사람은 무초만이 아니었다. 그날 옆에서 대통령의 이야기를 다 들었던 프란체스카 여사는 이렇게 기록했다.

　"이날 밤 나는 깊은 잠을 이루지 못한 채 악몽과 환상에 시달렸다. 바로 눈앞에 공산당이 나타나 대통령이 나를 쏘았는데 불발이 되어 우리가 붙잡히거나, 치명상을 입지 않아 목숨이 붙어있는 바람에 그들에게 곤욕을 치르는 환상에 잠이 오지 않았다.

　잠이 들어 꿈을 꾸었다. 대통령이 나를 쏘았다. 그런데도 죽지는 않고 피만 흘렸다. 나는 피를 흘리며 공산당에게 이리저리 끌려 다녔다. 소스라쳐 눈을 뜨면 온몸이 식은 땀에 젖어있었다. 나는 두 손을 모아 이 전쟁과 죽음의 공포를 물리쳐 달라고 하나님께 기도했다."[26]

　대통령으로서 강대국의 대사에게 분명한 투지를 보여준 것은 훌륭한데, 아내를 너무 놀라게 했으니, 남편으로서는 문제가 있었다.

　싸우려는 의지는 국군에게도 분명했다. 전쟁이 터지고 3일 만에 국군의 전력 절반이 손실되었다. 누가 보아도 질 수밖에 없는 상황이었다. 어디에서나 '지는 전쟁'이면 적군에게 항복하는 병사들이 속출하고 부대가 붕괴되기 마련이다.

그러나 국군은 붕괴되지 않았다. 중국의 국공내전 당시 국민당군에서는 사단 병력이 통째로 공산군에 투항하는 일도 있었다. 하지만 6·25 전쟁 때 우리 국군은 단 1개 대대 병력도 항복하지 않았다. 압도적인 무기와 우세한 병력으로 쳐내려오는 적들과 끝까지 맞서 싸웠다.

손자뻘 되는 국군들의 투지는 할아버지 대통령의 눈시울을 여러 번 젖게 했다. 대통령의 위문과 격려를 받은 부상병들은 경무대로 편지를 쓰곤 했다. 대부분의 편지가 비슷한 스토리였다. 대통령의 심려를 끼쳐드려 죄송하다는 것과, 비록 부상을 입은 몸이지만 남북통일의 대열에서 분골쇄신할 각오이니, 다시 군대에 복귀해서 싸울 수 있도록 배려해 달라는 감격적인 내용들이었다.27)

지도부와 국군과 국민들의 항전 의지는 북한의 예상을 크게 빗나가게 만들었다. 북한은 자신들이 쳐내려 가면 남한 전역에서 민중 봉기가 일어나리라고 예상했다. 국민들이 들고 일어나 이승만 정권을 둘러엎고 공산군과 합세할 것이라고 기대했던 것이다. 그러나 국민의 환영을 받으리라는 기대는 환상이었다.

소련 군사 고문단과 북한군 참모부는 남한을 "획 불면 그냥 쓰러질 수수깡" 정도로 생각했다. 전쟁이 단기간에 끝날 것이라고 예측하여 동계 작전 구상은 아예 하지도 않았다. 보급 체계도 그다지 신경 쓰지 않았다. 병사들에게도 경장(輕裝)을 지령하였다.

북한군의 한 작전 명령서는 1개 분대에 모포 1매, 3인에 식기 하나를 준비하라고 했다. 마치 하루 이틀의 고지 쟁탈전이라도 벌이는 듯하였다. 남침하면 곧바로 남한 내 남로당 20만 당원이 일제히 봉기해서 며칠 안으로 전쟁을 끝낼 수 있다고 믿었기 때문이다. 물론, 그런 일은 전혀 일어나지 않았다.[28] 그들은 대한민국을 너무 우습게 보았다.

환상은 오히려 악몽(惡夢)으로 변했다. 연합군의 인천 상륙 작전 이후로 전세는 역전되었다. 국군은 1개 대대도 투항하지 않았지만, 인민군은 지휘관이 이탈하고 부대가 붕괴되는 일들이 다반사로 일어났다. 북한군은 연합군의 반격에 밀려 압록강변까지 쫓겨갔다.

잘될 때는 서로 공을 다투지만, 안될 때는 서로 책임을 미룬다. 김일성과 박헌영이 그랬다. 북한 정권의 일인자와 이인자는 11월 7일 만포진의 소련 대사관 연회에서 격렬하게 싸웠다. 술을 마신 김일성은 박헌영에게 "여보, 박헌영이. 당신이 말한 그 빨치산이 다 어디에 갔는가? 백성들이 다 일어난다고 그랬는데 어디로 갔는가?"라고 비난했다. "당신이 스탈린한테 어떻게 보고했는가? 우리가 넘어가면 막 일어난다고 그런 얘기 왜 했는가?"라며 책임도 추궁하였다.

박헌영도 가만히 있지 않았다. "아니, 김일성 동지, 어찌해서 낙동강으로 군대를 다 보냈는가? 후방은 어떻게 하고 군대를 내보냈는가? 그러니까 후퇴할 때 다 독 안에 든 쥐가 되지 않았는가?" 하고 반문했다. "그러니 다 내 책임은 아니다"하고 반박하였다.

그러자 김일성의 입에서 상소리가 튀어나왔다. "야, 이 자식아. 무슨 말인가. 만약에 전쟁이 잘못되면 나뿐 아니라 너도 책임이 있다. 너 무슨 정세 판단을 그렇게 했는가? 난 남조선 정세는 모른다. 남로당이 거기 있고 거기에서 공작하고 보내는 것에 대해 어째서 보고를 그렇게 했는가?" 하면서 대리석으로 된 잉크병을 벽에 던져 박살냈다.

전쟁을 일으킨 두 당사자들이 멸망의 위기에 몰리자, 책임을 상대방에게 전가하려는 추한 싸움을 벌인 것이다.29)

한국 전쟁의 신학적 해석

고등학교 시절의 국사 선생님은 전쟁은 인간의 밑바닥까지 다 드러낸다고 말씀하셨다. 평생 쌓아올린 모든 것이 한순간에 잿더미로 변하고 목숨이 위태로운 지경이 되면, 남의 이목이고 체면이고 할 것 없이 속에 감추인 본능이 튀어나올 수밖에 없기 때문이다.

6·25 전쟁은 이승만의 영혼 깊숙이 자리 잡고 있는 신념들을 드러냈다. 신학적인 신념들이었다. 그는 평소에 "건강한 자에게는 의원이 쓸데없고 병든 자에게 라야 쓸데 있다"는 말씀을 자주 인용했다. 그 말씀은 민족에 대한 변함없는 희망을 의미했다. 나라의 운명이 위태로운 지경에 처해도, 그는 절망하지 않았다. 병이 깊이 들면 그것 때문에 의사이신 예수께 다가갈 수 있으니, 오히려 축복의 기회라는 굳건한 신학이 있었기 때문이다.

6·25 전쟁은 이승만이라는 인격이 얼마나 독특한지를 보여주었다. 그는 비참하고 비극적인 전쟁이 축복의 기회가 될 수 있다는 신학을 끊임없이 고백했다. 순식간에 부산까지 후퇴한 와중에서도 그는 긍정적인 시각을 잃지 않았다. 전쟁을 통해서 나라가 망할 것을 걱정하기보다, 전쟁을 기회로 북한 동포들을 구출하고 통일을 이룩해야한다는 신념을 표출했다.

계속해서 밀려가던 1950년 7월 19일, 이승만은 트루먼 대통령에게 편지를 썼다.

"북한 주민도 남한 사람과 같은 동포입니다. 외국에서 훈련받고 외세의 지시를 받는 소수의 공산주의자들을 제외한 북한 주민 모두는 자신들이 태어난 땅에 충성하는 사람들입니다. 이번 전쟁은 남북 간의 전쟁이 아니라, 어쩌다 우리 국토의 반을 지배하게 된 몇몇 공산주의자들과 그들이 어디에 살든 절대 다수 한국 국민들 간의 싸움입니다...

한국 국민들과 그들의 강력한 우방이 치른 위대한 희생의 결과가 통일이 아닌 다른 무엇이 될 수 있다는 것은 생각조차 못할 일입니다."

이승만이 어떤 사람인지를 보여주는 기가 막힌 편지이다. 그는 6·25 사변을 남한과 북한의 싸움이 아닌, 소수의 공산주의자들과 우리 민족 전체의 싸움으로 보았다. 공산당 지도부의 지령에 따라 총을 들어야하는 북한 병사들도 같은 민족으로 여겼다.

'그들이 어디에 살든'이라는 표현은 남한 주민들만이 아니라 북한에 살고 있는 동포들도 대한민국 국민이라는 그의 시각을 보여준다. 따라서 전쟁은 절대 다수 국민들이 소수의 공산주의자들을 몰아내고 통일을 이룩하는 것으로 결말지어져야 한다. 역시, 그는 대한민국의 건국 대통령이 될 만한 거인이었다.

이승만의 시각은 오늘날에도 여전히 유효하다. 한반도가 처한 상황의 본질을 꿰뚫고 있기 때문이다. 휴전선 너머에서 다수의 우리 국민들이 소수의 김일성 집단에게 인질로 잡혀있다. 따라서 범죄 집단인 북한 정권은 무너뜨려야 하고, 포로로 잡혀있는 주민들은 구출해야 한다.

1950년 11월 29일은 참으로 암담한 시간이었다. 압록강까지 진격하여 통일이 눈앞에 다가오는 듯 했지만, 중공군의 참전으로 또다시 후퇴해야 했다. 참모 총장으로부터 우울한 전황을 보고 받은 이승만의 입에서는 뜻밖의 말이 흘러나왔다. "중공군이 지금 침략한 것은 하나님이 한국을 구하려는 방법인지 모릅니다."

침략군을 하나님의 축복이라니, 더군다나 통일 직전에 후퇴해야 했는데 그것을 축복으로 볼 수 있다니, 정말 이상하게 들리는 말이다. 이승만은 다음과 같이 설명했다.

"만일 소련이 한국 국경 너머로 후퇴하게 되었다면 국제 연합군 부대와 장비들은 조만간 철수되었을 것이며, 한국군이 효과적으로 방어하기에는 너무나 긴 국경선만이 남겨졌을 것입니다.

시간이 흐르면서 미국 국민의 분노가 가라앉고 공산당의 평화 선전 공세로 국민들이 잠잠해진 가운데 중공군의 준비가 끝난다면, 이들의 압도적인 병력과 장비, 현대적인 항공 지원, 그리고 한국의 전(全) 해안선을 둘러싼 해군 작전 등을 저지하기가 어렵게 될 것입니다.

현재 해안선을 봉쇄하고 있는 함선들을 철수시키는 것이 무엇을 뜻하는지 한번 상상해 보십시오. 우리는 한국 지배가 소련의 계획안에 들어 있고, 북한군의 실패가 그들 계획의 포기를 의미하지 않는다는 사실을 잊어서는 안 됩니다.

지금 한국에 중공군을 끌어들인 것은, 국제 연합군이 철수한 뒤에 그런 일이 발생하는 것보다 우리에게는 낫다는 것입니다. 그러므로 우리는 싸워야 합니다. 최악의 경우가 닥칠지 모르나 민주주의를 구하게 될 것입니다."30)

어차피 중공군은 참전하게 되어 있었다. 사전에 소련과도 김일성과도 합의된 사항이었다. 그런데 우리가 압록강변까지 모두 점령하여 전쟁이 끝나고 유엔군까지 철수한 뒤에 중공군이 쳐내려왔다면, 한반도는 적화(赤化)를 면할 길이 없게 된다.

그 당시 우리의 국방력으로는 두만강과 압록강의 긴 국경선을 지키기 어려웠다. 더군다나 한반도는 삼면이 바다로 둘러싸여 있다. 6·25 전쟁 당시 해안선을 방어하고 있는 유엔군 함대가 모두 물러간 다음에는 무방비 상태에 놓일 것이다.

그런 상황에서 만주에 망명 정부를 수립한 북한 공산당이 중공 및 소련과 합세하여 계속해서 침투 작전을 벌이고 국내의 게릴라들도 합세하는 가운데 중공군이 참전했다면, 공산화가 되는 것은 불을 보듯이 분명하다.

그때 가서 또 다시 유엔군이 참전한다든지, 철수한 미군이 다시 들어온다는 것도 쉽지 않다. 당시는 한미 동맹이나 상호 방위조약이 맺어지지 않은 시점이었고 맺어질 가능성도 높지 않았다. 따라서 유엔군 철수 이후 미군이 돕는다는 보장도 없었다. 그러므로 어차피 침공할 중공군이라면, 유엔군이 있을 때 쳐들어오는 편이 낫다는 것이 이승만의 논리였다.

그 후의 역사는 이승만의 주장에 상당한 설득력을 부여한다. 중공군과 맞서 싸우는 과정에서 우리의 국방력은 크게 증강되었다. 긴 전쟁에 지친 미국은 서둘러 전쟁을 끝내려했고, 이승만은 그 발목을 잡아서 한미(韓美) 동맹을 성사시켰다.

한미 동맹이 있었기에 중공도 소련도 북한도 또다시 전쟁을 일으킬 엄두를 내지 못했다. 결과적으로 조갑제의 해설처럼 중공군의 개입은 '재앙을 위장한 축복'이었다는 논리도 성립된다.[31]

한국 전쟁은 신학적인 전쟁이었다. 전쟁의 최고 지도자들이 신학적인 관점에 있어서 분명했다. 이승만, 맥아더는 독실한 기독교인이었고 스탈린, 모택동, 김일성은 철저한 무신론자들이었다. 그들의 행동과 정책에는 신학적인 관념이 스며들어 있었다. 특히 대한민국 편에서 싸운 이들은 공개적으로 신앙을 고백하기도 했다.

미 8군 사령관으로 부임했다가, 훗날 맥아더의 후임자가 되는 리지웨이 장군도 6·25를 신학적인 입장에서 보았다. 그가 부임했을 때, 미군의 사기는 바닥으로 떨어져 있었다. 빨리 전쟁을 끝내고 크리스마스를 고향에서 보내겠다는 병사들의 꿈은 참혹하게 깨어졌다. 중공군에게 밀려 미군 역사상 가장 긴 시간 동안에 가장 긴 거리를 후퇴하던 무렵이었다.

리지웨이는 모든 미군 병사에게 사령관으로서 편지를 썼다. 그는 본질적인 문제를 제기한다. 그는 먼저 자신이 부임한 이후 전선을 시찰하고 병사들을 만나면서 느낀 점을 말한다.

"내가 한국에 온 지난 몇 주 동안 장병들의 마음 속에 두 개의 절실한 의문이 있다는 것을 알게 되었다. 그것은 '우리는 왜 여기 있는가?'와 '우리는 무엇을 위해 싸우는가?'이다."

미군들의 의문은 충분히 타당하다. 듣도 보도 못한 나라에 와서 이길 수도 없고 질 수도 없는 싸움을 계속해야하는 병사들이라면, 얼마든지 그런 고민을 할 수가 있다. 리지웨이는 병사들의 두 가지 질문에 사령관으로서 대답한다.

"첫 번째 질문, '왜 우리는 여기에 있는가'에 대한 답은 간단하고 단호하다. 우리가 존중하는 정부의 합헌적으로 구성된 당무자들이 내린 결정에 의해서 우리는 여기에 와 있다. 유엔군 사령관인 더글러스 맥아더 원수는 말했다. : 유엔 회원국들이 우리에게 부여한 임무에 따라서 우리 사령부는 한국에서 군사적 포진을 유지할 것이다..."

왜 한국에 있어야 하는가 하면, 명령에 복종해야 하기 때문이다. 군인의 기본 자세를 강조한 말이다.

"두 번째 의문은 아주 심각한 것이므로 우리 사령부 소속원들은 논리적이고 완전한 답변을 들을 권리가 있다. 나의 답변은 이렇다. 나로선 문제가 명쾌하다. 한국의 이런 저런 도시와 농촌을 지키느냐 마느냐의 문제가 아니다... 문제는 동맹국 한국의 자유에만 한정되지도 않는다. 한국인들의 지조와 용기가 전쟁 중 가장 어려운 시기에도 꺾이지 않았음을 우리가 높게 평가하지만, 한국의 자유를 수호한다는 것은 더 큰 명분의 한 상징이며 이 대의명분 속에 포함되는 셈이다."

리지웨이는 6·25가 단순히 한국을 지키기 위한 전쟁만은 아니라고 말한다. 그보다 더 큰 대의명분이 있다는 것이다. 여기에서 전쟁을 신학적으로 보는 그의 견해가 제시된다.

"문제의 본질은 서구 문명의 힘, 하나님께서 우리의 사랑하는 조국에서 꽃피도록 하신 그 힘이 공산주의를 저지하고 패배시킬 수 있는가 하는 것이다.

문제의 본질은, 인간의 존엄성을 비웃고, 포로들을 사살하고, 시민들을 노예로 삼는 독재 세력이 개인과 개인의 권리를 신성하게 보는 민주세력을 뒤집어엎을 것인가이다.

문제의 본질은, 하나님께서 우리를 인도하심에 따라서 우리가 생존할 것인가, 아니면 하나님 없는 세상에서 시체처럼 사라질 것인가이다."

리지웨이는 6·25 전쟁을 종교의 전쟁이요 문명의 전쟁이며 나아가 기독교 - 민주 세력과 무신론 - 독재 세력의 전쟁으로 보았다. 그가 본 전쟁의 본질은 하나님을 믿는 세상에서 자유인이 되는가, 아니면 하나님 없는 세상에서 노예가 되어 시체처럼 사라지는가, 둘 중의 하나를 선택해야하는 싸움이었다.

그렇다면 유신론인가 무신론인가를 선택해야하는 것은 한국인들의 문제만이 아니라 미군 병사들의 문제도 된다. 리지웨이는 한국 전쟁이 결국 미국인들 자신을 위한 싸움이라고 주장한다.

"이 싸움은 동맹국 한국의 국가적 생존과 자유만을 지키기 위한 싸움이 아니라는 사실이 논란의 여지가 없이 명백해진다. 이 전쟁은, 우리의 조국이 독립과 명예를 누리는 가운데 우리 자신의 자유와 우리 자신의 생존을 유지하기 위한 투쟁이다. 우리가 바친 희생과 도움은 타인을 위한 자선이 아니라 우리를 지키기 위한 직접적 자위(自衛)행동이었다."

결론으로 리지웨이는 하나님 - 민주주의 - 자유인의 세상을 지키기 위한 미군의 싸움은 명예로운 것이며 영광스러운 도전이라고 끝을 맺는다.

"일찍이 그 어떤 군 사령부의 부대원들도 우리가 직면한 이런 도전을 감당한 적이 없다. 이는 도전이기도 하지만 우리 자신과 우리 국민들 앞에서 최선의 노력을 보여줄 수 있는 절호의 기회이다. 그리하여 군인이란 직업과 우리를 키워준 용감한 사람들에게 영광을 돌리자."

읽으면 읽을수록 가슴에 남는 명문(名文)이다. 동시에 리지웨이의 한 대목에 가슴이 저려온다. 그는 양자택일을 논했다. 하나님의 인도하심에 따라서 우리가 생존할 것인가, 아니면 하나님 없는 세상에서 시체처럼 사라질 것인가.

그것은 예언이었다. 대한민국은 하나님의 인도하심을 따라서 생존했다. 하지만 북녘 땅의 수많은 동포들은 하나님 없는 세상에서 시체가 되어 쓰러졌다.

리지웨이는 글만 잘 쓴 것이 아니라 전쟁도 잘했다. 끊임없이 부하들을 독려하며 미군의 사기를 끌어올렸다. 중공군 참전 이후로 계속해서 후퇴만 하던 유엔군에게 진격 명령을 내리고 효과적인 전략을 구사하여 전세를 또 한 번 역전시켰다.

문무(文武)를 겸비하고 신앙과 설득력까지 갖춘 명장, 이런 이들이 있어서 이 나라가 보존될 수 있었다.

기도로 싸운 전쟁

한국 전쟁에는 신학이 있었고 기도가 있었다. 수많은 그리스도인들이 피를 흘려가면서도 나라와 민족을 위해서 기도했다. 그 선두에 대통령이 있었다. 이승만 대통령은 전쟁에 대한 공식 기록을 남기라고 지시했다. 초기에 책임을 맡은 이는 김광섭 시인이었는데, 사정이 생겨서 영부인 프란체스카 여사가 기록을 맡았다.

「6·25와 이승만」이라는 제목으로 출판되어 있는 프란체스카 여사의 전쟁 일지는 곧 기도 일지이기도 하다. 한국 전쟁이 영적 전쟁이었음을 보여주는 귀중한 자료이다. 시시각각 바뀌는 전황을 바라보며 대통령은 끊임없이 움직였고 동시에 끊임없이 기도했다. 전쟁 3년을 가득 채운 기도의 날들 가운데 하루 분을 인용한다.

"요즘은 잠자리에 누우면 전쟁고아들의 애처로운 모습이 아른거리고 부상병들의 신음소리가 귓전을 맴돌아 통 잠이 오지 않는다. 서울시의 구호대상 전재민 수만 해도 40만이 넘는데다, 건장한 젊은 청년들이 전쟁터에서 불구의 몸이 되어 몸부림 치고 있다. 전쟁 미망인도 수없이 늘어만 가는 이 엄청난 비극 속에서 나라와 국민을 이끌어 가야하는 대통령의 잠자리는 오죽하겠는가.

한밤중에 침대에 엎드려 '하나님, 이 미련한 늙은이에게 보다 큰 능력을 허락하시어 고통 받는 내 민족을 올바로 이끌 수 있는 힘을 주소서!' 하고 기도하는 대통령의 모습을 보면 나도 모르게 눈물이 뺨을 타고 흘러내린다.

고난의 역사를 지고 가야하는 민족 지도자의 그 무거운 어깨를 누가 백분의 일이라도 이해할 수 있을 것인가. 하나님! 우리를 불쌍히 여기사 큰 힘을 내려주시옵소서!"32)

이승만은 결코 미련하지 않았다. 신동이었고 천재였고 최단 기간에 미국에서 박사 학위를 마쳤다. 전쟁을 지휘하면서도 탁월한 지성으로 미국인들의 존경을 받았다. 그런 그가 하나님 앞에서는 그저 "미련한 늙은이"였다.

그는 자신이 가진 것을 열거하고 행한 것을 자랑하는 바리새인처럼 기도하지 않았다. 가슴을 치며 불쌍히 여겨달라고 절규한 세리처럼 기도했다. 당대 최고의 지성인이 스스로를 미련한 늙은이라고 부르며 하나님의 도우심을 구하는 모습은 참된 기도가 무엇인지를 일깨워준다.

우리나라 초기의 역사에서 감동적인 대목은 중요한 순간마다 "기도"가 등장한다는 점이다. 9.28 서울 수복 때도 마찬가지였다. 인천 상륙 작전의 성공으로 마침내 연합군은 서울을 탈환했다. 찌그러지고 부서진 중앙청에서 서울 수복을 기념하는 의식이 진행되었다.

수복했다고 하지만 여전히 전쟁 중이었다. 멀리서는 대포 소리, 총소리가 들려왔다. 서울 시내에는 게릴라들이 숨어서 기습 작전을 벌였다. 그래도 정부와 연합군의 요인들은 수도를 다시 탈환했다는 감격에 벅차 있었다.

그날의 주인공은 단연 맥아더였다. 맥아더는 미군 장성들의 반대를 무릅쓰고 인천 상륙 작전을 고집했고 성공시켰다. 그가 서울에 진입하기 전, 미국에서는 되찾은 서울을 한국 정부에게 돌려주지 않는 방법을 검토했다. 골치 아픈 이승만에게 서울을 넘길 것이 아니라, 유엔군이 점령했으니 유엔군이 관할해야 한다는 견해도 있었다.

하지만 맥아더는 단호하게 이승만의 편을 들었다. 한국 정부가 제대로 기능하고 있으므로 한국의 수도는 마땅히 돌려주어야 한다는 입장이었다. 또 한 번, 맥아더가 우리 편이 되었다.

기념식에서 맥아더 장군은 감격에 찬 목소리로 서울의 기능과 권한을 한국 정부에 돌려준다는 요지의 연설을 했다. 이승만 대통령은 맥아더를 치하하며 훈장을 수여했다. 그날의 의식을 마무리 지은 것은 주기도문이었다. 맥아더 장군은 엄숙히 주기도문으로 기도했고 참석자들은 모두 따라했다.

"하늘에 계신 우리 아버지, 이름을 거룩하게 하옵시며, 나라에 임하옵시며, 뜻이 하늘에서 이룬 것같이 땅에서도 이루어지이다. 오늘날 우리에게 일용할 양식을 주옵시고, 우리가 우리에게 죄지은 자를 사하여 준 것같이 우리의 죄를 사하여 주옵시고, 우리를 시험에 들지 말게 하옵시고, 다만 악에서 구하옵소서, 나라와 권세와 영광이 아버지께 영원히 있사옵니이다. 아멘."

6·25와 국민의 탄생

　김일영은 한국 전쟁이 가져온 결과로 사람들이 '조선인' 아니라 '한국 국민'으로서의 정체성을 갖게 된 점을 손꼽는다.[33] 대한민국 건국 이후 38선 이남에 살고 있던 사람들은 대한민국 국민으로 편입되었다. 그러나 그들의 의식 속에는 '한국' 국민이라기보다 남북한의 구분 없는 '조선인'의 정체성이 더 강했다. 국민으로서의 정체성은 아직 형성되기 이전이었다.
　전쟁은 국민으로서 국가를 체험하는 가장 확실한 경험이 된다. 전쟁 이전에는 남이나 북이나 같은 조선이었다. 하지만 전쟁으로 끊임없이 죽고 죽이는 경험은 생각을 바꾸어놓았다. '같은 조선'이라는 생각은 생명이 오가는 전장에서 무의미하고 불필요하고 위험한 것이었다. 우리는 뭉쳐야 하고 적은 물리쳐야 했다. 우리는 대한민국이고 적은 공산 집단이었다.
　전쟁으로 적군이 분명해짐으로써, 아군의 응집력은 강해졌다. 따라서 북한과 공산주의를 동족이 아니라 적으로 느끼는 배타성은 대한민국의 국민적 정체성을 확립하는데 크게 기여했다고 말할 수 있다. 역설적으로 북한의 김일성이 남한의 국민적 정체성 형성의 일등 공신이 된 것이다.
　역사학자 김성칠(金聖七)은 서울이 북한군에게 함락될 때, 피신하지 못하고 그곳에 남았다. 그는 공산군이 점령한 서울에서의 생활을 날마다 일기로 남겼다. 일기가 주는 개인적인 느낌과 역사가로서의 의식이 어우러진 그의

「역사 앞에서 - 한 사학자의 6·25일기」[34]는 일독(一讀)을 권하고 싶은 걸작이다. 그의 일기를 추적해보면, 대한민국 국민으로서의 정체성을 찾아가는 과정이 그려진다.

1950년 7월 5일

... 명륜동에서 벌어진 한 인민 재판의 이야기. 그저께 마을에서 반을 통하여 한 집에 한 사람씩 성균관 앞으로 모이라기에 나가 보았더니 청년 몇 사람을 끌어다 놓고 따발총을 멘 인민군들이 군중을 향하여 "이 사람이 반동분자요 아니요?"하고 물으매, 모두들 기가 질려서 아무 말이 없는데 그 중에 한두 사람이 - 나중에 생각해 보니, 아마도 그들을 적발한 사람인 듯 - "악질 반동분자요"하고 소리치니 두말없이 현장에서 총을 쏘아 죽이는데, 그 피를 뿜으면서 버둥거리다 숨지는 양이 보기에 하도 징그러워서 그 자리에서 도망치듯 빠져나와 버리었다 한다.

그 죽은 청년들이 어떤 반동 행위를 했는지 군중들은 알지 못한 채.

1950년 9월 1일

하여튼 그들이 정세판단을 그르치고 무모한 경거망동을 함부로 하여 결국 동포를 어육(魚肉)내고 조국을 초토화하는 것을 생각하면 그들의 죄악은 우리 민족에 있어서 영원히 지워질 수 없는 것이다…

1950년 8월 19일

세월은 참으로 빠르다. 인민군이 하룻밤 사이에 서울에 진주하고 지하에 숨어 있던 공산주의자들이 영웅과 같이 사람들의 면전에 나타나고 어중이 떠중이들이 모두 좌익인 체 투쟁 경력이 대단한 체 뽐내던 것이 어제인 듯한데 벌써 그들의 황금시대는 지나간 듯, 사람들은 모두 겉으로는 티내어 말하지는 아니하나 속으로는 거의 전부가 공산주의를 외면하게 되었다. 아무런 정령(政令)에도 비협력적이고 돌아서면 입을 삐죽한다.

1950년 8월 22일
불문학 전공한 손(孫)선생이 찾아오셨다… 발은 부르터서 절고 손은 폭탄의 파편에 맞아서 붕대를 감고, 스스로 말씀하시는 바와 같이 패잔병과 같은 몰골이시다.

"광주(廣州) 어느 산골길에서 피란민들이 모여서 애국가를 불렀다거든요… '동해물과 백두산'을 말이요. 그럴 수가 있느냐고요. 있다마다 뿐입니까. 백성들의 대한민국에 대한 충성심이 오늘날과 같이 불타오른 건 일찍이 없었을 겁니다. 인민 공화국 백성이 되어보고 모두들 대한민국을 뼈저리게 그리워하거든요.

잃어진 대한민국에 대한 그리움에서랄지, 또는 동족상잔의 내란을 일으켜서 자기네들의 집과 재산을 불태워버리게 하고, 이러한 죽을 고비에로 몰아넣는 인민 공화국에 대한 반발심에서랄지, 하여튼 될 대로 되어라 하는 거의 자포자기(自暴自棄)인 심리로 어느 한 사람이 '동해물과 백두산이'하고 목청을 돋우면 아무것도 거리낄 것 없다는 듯이 모두들 따라 합창하고, 그리고 마지막엔 통곡으로 변한다거든요.

한번은 이러한 장면을 변복한 인민군이 목도하고 갑자기 권총을 내어서 난사하여 많은 희생자를 내었다구요. 그런 이야기를 들었건만 우리도 산골에 호젓이 모이면 또 그 노래를 부르고 울고 하였답니다."

1950년 9월 2일

... 서울 이외의 방송이 들린다기에 시험 삼아 틀어보았더니, 대한민국 방송도 들리고 일본 방송도 나온다. 진작 이런 줄 알았더면 하고 아내와 더불어 호젓이 웃어보기도 한다.

"자유의 소리, 대한민국 방송입니다"하는 대목에 울컥하고 목이 메어짐은 어인 까닭일까. 언제 내가 대한민국에 이처럼 마음을 붙이었던가?

"공산 세계에 머무는 여러분, 여러분은 군사 시설에 가까이 가지 마시고 부디 살아남아서 좋은 세월을 맞이합시다." 하는 소리에 아내와 손을 맞잡고 울었다. 내가 퍽은 감상적(感傷的)이 되었나보다.

1950년 9월 16일

나는 본디 대한민국에 그리 충성된 백성은 아니었다. 그의 해나가는 일이 일마다 올바르지 못한 것 같고 그의 되어가는 품이 아무래도 미덥지가 않아서 언제든 한번은 인민공화국 백성이 되지 않을 수 없는 날이 오려니 하고 예견하였었다.

... 그러면 인민 공화국에 대해선 각별한 향념(向念)을 품었었느냐 하면 그런 것도 아니었다. 내 인민 공화국에 대한 기대는 몇 해 전 〈민성(民聲)〉지의 북조선 특집호 중에서 북조선 문화인 좌담회의 기사를 읽고 갑자기 식어졌었다.

이기영, 한설야, 이태준 같은 사람들이 모여서 말끝마다 우리의 영명한 지도자 김일성 장군 만세를 부르고 모든 사회 현상이, 심지어 우순풍조(雨順風調)한 것조차 김일성 장군의 영명하신 지도의 덕택인 것처럼 떠든 것이 비위에 맞지 않아서 그 후에 언젠가 철(哲)을 보고 "그자들이 모두 환장을 해서 그런 것일까, 어쩌면 문화인이란 것이 그처럼 입을 갖추어 아첨할 수 있는 것인가"하고 욕설을 퍼부어준 일도 있었다.

   남도 아니고 북도 아니고, 북한도 잘못했지만 남한도 잘한 것 없다는, 지식인 특유의 냉소적인 중립성을 보여주던 한 역사학자가, 대한민국 방송을 듣고 눈물을 흘리는 감상주의자로 변모하게 만든 것이 바로 전쟁이었다.
   민주주의를 내세운 공산주의자들의 해괴한 인민 재판과 조국 통일을 내세운 처참한 살육을 몸소 겪으면서 이 나라 백성들은 확고한 노선을 가진 국민이 되었다.
   전쟁은 비극이었지만, 비극 속에 희망의 씨앗이 움트고 있었다. 그것은 자유 민주주의적 정체성을 지닌, 국민의 탄생이었다. 그 국민들이 공산군을 물리치고 자유를 수호하고 대한민국의 번영을 이루어낸 발자취가 우리 현대사였다.

시로 읊은 전쟁의 풍경

   전쟁을 이끌어가는 최고 지도자에게 가장 힘들고 성가신 일은 내부의 분열이다. 6·25 전쟁 기간 중 이승만은 그런 일을 여러번 겪었다.

   전쟁 초기, 속수무책으로 밀리고 있을 때, 국회는 내무부 장관과 국방부 장관 해임을 결의했다. 행정부 수반인 대통령으로서는 적군과 싸우면서 동시에 국회와 싸워야하는, 힘 빠지는 상황이었다. 그날 밤 이대통령은 프란체스카 여사에게 붓과 벼루를 가져오라고 했다. 그는 천천히, 그리고 오래도록 먹을 갈았다.

그는 먹물을 듬뿍 찍어 자신의 깊은 상념들을 적었다. 우리 역사에 정통한 그에게 그날 떠오른 시는 임진왜란 당시 선조 임금이 쓴 한시였다. 왜군에게 쫓겨 신의주까지 피신한 임금의 한탄이, 대통령의 탄식이 되어 글씨로 옮겨졌다.

변방에 뜬 달 보고 통곡을 하니
압록강 바람은 가슴을 에이네
임금 신하가 치욕을 당했건만
차마 오늘 후에도 서인 동인으로 싸울 건가

중공군이 참전하면서 비슷한 상황이 반복되었다. 통일을 목전에 앞두고 쫓겨 가는 상황에서 누가 잘했느니 잘못 했느니 말들이 많았다. 대통령은 "제비를 읊음"이라는 시를 지었다.

강남 갔다가 돌아와 재잘거리는 제비들
제 집은 어디가고 잿더미만 남았다고
이러니 저러니 말들 삼지 마소
난리통에 슬프지 않은 이 뉘 있으리

대통령은 시간이 나는 대로 국민들을 찾아갔다. 부산까지 밀려갔던 어느 날, 대통령은 부녀자들이 낙동강 장터를 향해 걸어가는 모습을 보았다. 남자들은 싸우러 나가고 여자들만 남아있었다. 대통령은 전쟁의 풍경같은 시를 썼다.

며느리는 생선바구니 이고 시어머니는 소를 몰고
낙동강 십리 길에 장보러들 가는 구나
아우 형 전쟁에 다 나가고 전쟁은 상기 아니 멎고

제 **8** 장

한미 동맹, 한반도 평화의 조건

▲ 1954. 7. 28 이승만의 미국 상하양원 합동 연설. 기립 박수를 포함 33회의 박수를 받았다.

▲ 1954. 8. 2 이승만의 뉴욕 브로드웨이 카퍼레이드 "영웅 행진". 현직에 있는 외국 국가 원수로는 세계 최초였다. 백만에 이르는 미국 시민들이 자유의 투사에게 갈채를 보냈다.

제 **8** 장

한미 동맹, 한반도 평화의 조건

반공 포로 석방, 이승만의 결단

전쟁에 참가했던 어느 미군 병사는 이런 기록을 남겼다. "끝도 없는 전쟁이다, 우리는 이길 수 없다. 우리는 질 수도 없다. 우리는 헤어날 수도 없다." 그것은 곧 미국 지도부의 마음이기도 했다.

어쩌다가 이상한 전쟁에 말려들어서, 미국에게 대단치도 않은 나라를 위해서 5만 명이 죽고 10만 명이 다치며 엄청난 물자를 쏟아 부어야 하는 상황은, 빨리 빠져나가고 싶은 늪이었고 진창이었다. 전쟁을 시작한 트루먼 대통령의 인기는 날로 떨어졌다. 현직 대통령이 출마를 포기한 1952년의 선거에서 미국인들의 마음을 사로잡은 이는 아이젠하워였다.

아이젠하워는 2차 대전의 영웅이었다. 노르망디 상륙 작전을 성공시켜서 히틀러를 끝장 낸 인물이었다. 그의 대표적인 선거 공약이 "한국 전쟁 종식"이었다. 전 세계적인 규모로 벌어진 2차 대전도 끝낸 그였기에, 한국 전쟁 정도는 얼마든지 끝낼 수 있다고 주장했다. 미국인들은 그를 믿었다. 대통령이 된 아이젠하워는 교착 상태에 빠져있던 휴전 협정에 박차를 가했다.

승부사 이승만은 휴전 협정에 대해서 두 개의 카드를 꺼내들었다. 첫 번째는 북진(北進) 통일론이었다. 이승만은 한반도의 분단을 고착시킬 수 있는 휴전에 강하게 반발했다. 오직 무력으로 북진하여 공산주의자들을 무너뜨리고 통일을 이루어야 한다고 주장했다.

그러나 그의 결사적인 휴전 반대는 메아리 없는 고독한 외침일 뿐이었다. 미국은 이승만의 북진 통일론을 '환상'이라고 일축했다. 엄밀히 따져보면 그것은 환상에 가까웠다. 유엔군 없이 국군만으로 북진하여 중공군과 북한군을 모두 물리치고 통일을 이룬다는 것은 현실적으로 불가능했다.

이승만도 엄연한 현실을 모르지 않았다. 그럼에도 불구하고, 그는 북진 통일과 휴전 반대를 위한 범국민적 운동을 더욱 거세게 밀고 나갔다. 나아가 이승만은 만약 휴전 협정이 체결된 후에도 중국 군대가 압록강 이남에 계속 주둔한다면, 유엔군 사령관에게 위임된 한국군의 작전 지휘권을 회수하여, 국군 단독으로 끝까지 싸울 것이라는 결의를 아이젠하워 대통령에게 통보하기도 했다.

심지어 "미국과 헤어지겠다", "우리에게는 자살할 권리가 있다"는 식의 극단적인 표현을 써가면서 미국을 몰아붙였다. 이는 고도로 계산된 전략이었다. 이승만이 이처럼 비이성적인 행동을 한 이유는 그의 두 번째 카드를 위해서였다. 그것은 한미 상호 방위조약의 체결이었다.

휴전 협정이 맺어지고 미군이 떠난다면, 망신창이가 된 나라와 폐허가 된 국토만이 남는다. 그 국토는 휴전선을 맞대고 있고 그 너머에는 소련과 중공이 여전히 건재해있다. 만약 북한이 소련 및 중공과 연합하여 다시 전쟁을 일으킨다면, 대한민국은 속수무책이 된다. 미국이 자기 나라 젊은이들을 또 다시 몇 만 명씩 죽게 한다는 것은 기대하기 어려웠다.

거리상의 지리적인 문제도 있다. 중공과 소련은 마음만 먹으면 한달음에 쳐내려올 수 있지만, 미국은 태평양을 건너야하는 긴 시간이 소요된다. 미군이 또 다시 참전할지도 미지수이지만, 설령 참전한다고 해도 이미 손을 쓰기에는 너무 늦은 시간이 될 수 있다.

따라서 이승만은 휴전을 '한국에 대한 사형 집행장'이라고 규정했다. 아이젠하워 행정부의 고위 관리들에게 한국이 휴전 협정을 수락하는 것은 마치 '아무런 항의도 없이 사형 선고(a death sentence without protest)'를 받아 들이는 것과 같다고 끊임없이 강조했다.

국가의 생존이 걸린 문제 앞에서, 동양의 선비요 서양의 신사적인 풍모를 지녔던 이승만은 깡패와 싸움닭이 되었다. 그는 집요하게 미국이 한국의 안전을 보장해줄 것을 요구했다.

미국은 이대통령의 거듭된 조약 체결 요구를 거절했다. 상호 방위조약 대신 미국이 이승만을 회유하려고 꺼내든 카드는 "대제재 선언 (The Greater Sanctions Declaration)"이었다. 그것은 여러 가지 약속이 담긴 미끼였다. "한국군을 20개 사단으로 증강시켜준다. 미군의 대부분은 오끼나와로 철수시킨다. 한국의 안전은 16개의 유엔 참전국들이 공동으로 보장한다. 만약 적이 다시 쳐들어올 경우 전쟁을 한반도에 국한시키지 않겠다는 내용을 공표한다."

아이젠하워 대통령은 이러한 미국의 입장을 5월 25일 주한 미국대사 브리그스와 유엔군 사령관 클라크를 통해 이승만에게 전달하였다. 하지만 우리민족 최초의 국제법 박사이며, 미국으로부터 숱한 거절과 냉대를 받아왔고, 결국에는 독립과 건국에 있어서 미국의 논리를 이긴 적이 있는 이승만이 그 정도의 회유에 넘어갈 리 없었다.

16개 나라가 공동으로 한국의 안전을 보장한다는 것은 '빛 좋은 개살구'에 불과했다. 우리의 건국 과정에서 유엔 8개국이 위원단을 파견했었다. 8개국 간에도 나라마다 이해관계가 다르고 의견이 달라서 결국에는 모윤숙을 활용한 미인계로 겨우 5.10 총선거를 실시할 수 있었다.

16개국도 마찬가지로 이해 관계가 복잡했다. 전쟁 중에도 영국은 미국에게 한국을 포기하자고 제안하기도 했었다. 한국을 위해서 싸워준 나라들이었지만, 그후에 공산당에 호의적인 정권이 들어서면 어떻게 바뀔지 모르는 상황이었다.

이승만은 조국의 안전을 다른 나라들의 선언이나 협정 따위에 맡길 수는 없었다. 그가 원한 것은 말뿐인 선언이 아니라 실제로 효력을 발휘할 수 있는 조약, 더 나아가 한국의 안전을 확실하게 보장할 수 있는 미군의 주둔이었다.

하지만 미국은 한국의 의사와 상관없이 휴전 회담을 진행했다. 한국 대표가 회의에 불참한 가운데 1953년 6월 8일 유엔군과 공산군의 대표들은 휴전 의제의 마지막 관문인 포로 교환 협정에 합의했다.

이승만은 휴전 협상에 반대하며 유엔 참전국의 대제재 선언은 '전혀 무의미한 것'이라고 잘라서 말했다. 그리고 주권 국가의 대통령으로 당당하게 선포했다. "당신들은 유엔군을 모두 철수시켜도 좋습니다. 우리가 우리의 운명을 결정할 것입니다. 누구한테도 우리를 위해서 싸워달라고 요청하시 않을 것입니다. 처음부터 도와달라고 요청한 것이 우리의 잘못이었습니다. 미안합니다만 현재의 상황에서 나는 아이젠하워 대통령에게 협조를 약속해 줄 수 없습니다."

아이젠하워에게 협조해주지 못하겠다는 말은 빈 말이 아니었다. 이승만은 약소국이 어쩔 수 없이 강대국에게 끌려가지만, 결정적인 순간에는 힘과 행동을 보여야한다는 것을 너무도 잘 알고 있었다. 쉽게 말해서 본때를 보여주어야 했다.

전쟁 발발 3일 만에 군사력의 절반을 잃어버렸던 나라가, 함정이라고는 외국에서 쓰다가 버린 중고품 한척 밖에 없는 나라가, 3년간의 전쟁으로 그나마 남아있던 산업 시설의 80%가 파괴되어 버린 나라가, 거리에는 고아와 거지가 들끓는 나라가, 무슨 수로 세계 최고의 강대국에게 본때를 보여줄 수 있을까?

여기에서 이승만의 천재성이 돋보인다. 그는 미국이 어떻게 해서든지 휴전을 하고 싶어한다는 것을 꿰뚫어보았다. 이승만 자신도 휴전을 할 수밖에 없는 현실을 알고 있었다. 그렇다면 미국이 그토록 원하는 휴전의 판을 깨버리면, 그들은 한국의 요구를 들어줄 수밖에 없게 된다.

휴전을 깨버릴 수 있는 방법, 그럼으로써 미국에게 충격을 줄 수 있는 방법, 미국 지도자들을 한국이 원하는 협상 테이블로 나오게 만들 수 있는 방법, 그것은 포로 송환 문제였다.

어떤 전쟁이든 휴전 협정에서는 포로 교환 문제가 다루어지기 마련이다. 양쪽이 어떠한 조건으로 포로를 교환할 지가 중요한 이슈가 되곤 한다. 문제는 공산군 포로 가운데 공산주의자가 아닌 이들이 있었다는 점이다.

  이승만이 적절하게 지적한 것처럼, 전쟁을 일으킨 자들은 소수의 공산당이었지, 북한 주민들은 아니었다. 강제로 끌려나온 북한군 젊은이들은 공산주의가 뭔지 제대로 모르는 이들도 많았다. 공산군복을 입고 싸우는 과정에서, 혹은 포로가 된 이후에, 공산주의의 악마성을 깨닫고 반공노선으로 돌아선 이들이 있었다. 그들은 북한으로 돌아가기를 원치 않았다. 하지만 그들도 포로 송환 협정에 따라 북한으로 돌려보내져야 했다.

  이승만은 반공 포로들을 석방시키기로 결심했다. 그것은 엄청난 행동이었다. 한국 전쟁의 휴전 협정은 역사상 가장 오랜 시간이 걸린 휴전 협상이었다. 길고 지루하고 고통스러운 시간을 거쳐서 성사된 협상이 완전히 무효가 될 수도 있는 결정을 이승만이 내린 것이다. 그것은 이승만의 결단이었고 깡패 짓이었고 애국심이었고 동시에 민족에 대한 사랑이었다.

  만약 포로 송환 협정에 의해서 반공 포로들이 모두 북한으로 돌려보내졌다면, 그들을 기다리고 있는 것은 죽음 또는 죽음보다 더한 비참이었다. 실제로 스탈린은 2차 대전이 끝나고 독일군의 포로로 잡혔다가 돌아온 병사들을 모두 숙청해버렸다. 자유로운 외부 세계를 보고 돌아온 이들이 소련의 독재 체제에 반감을 가질 수 있다고 단정했기 때문이다.

  나라를 위해서 싸우다가 돌아온 병사들도 눈 하나 깜짝 하지 않고 없애버리는 공산주의자들이, 더군다나 반공 노선으로 돌아선 포로들을 잔인하게 처리할 것은 너무나 자명했다. 이승만은 그들을 살리고 동시에 한국의 안전을 확보하기 위해, 우리를 지켜준 유엔군에게 총부리를 들이대는, 전무후무한 행동을 계획했다.

당시 포로수용소는 유엔군이 관리하고 있었다. 우리 국군은 유엔군의 작전 지휘를 받고 있었다. 따라서 이승만은 유엔군 관할 밖에 있는 헌병대를 활용했다. 원용덕 헌병 사령관에게 비밀 명령을 내렸다. 거사 직전에 반공 포로들에게 도주 경로를 알려주고 헌병대로 하여금 미군을 제압하게 했다.

극단적인 조치에는 극단적인 명령이 뒤따랐다. 여러 곳의 수용소들 가운데, 미군의 저지로 포로들의 탈출이 지연된 수용소의 헌병대는 자결을 각오하라는 명령이 내려졌다. 우리 헌병대는 목숨을 걸고 임무를 수행했다.

1953년 6월 18일, 대한민국 헌병대는 이승만 대통령의 명령에 따라 3년 동안 우리를 위해서 싸워준 미군을 제압하고 반공 포로를 석방했다. 부산, 광주, 논산, 마산, 영천, 부평, 대구 등 각 포로수용소에서 총 27,389명의 반공 포로가 석방됐다.

자살을 각오하라는 대통령의 명령에 충성을 다한 헌병대였기에 자살해야 할 일은 일어나지 않았다. 최신 무기로 무장한 유엔군 경비병의 얼굴에 고춧가루를 뿌려서 감시를 못하게 한 한국 헌병의 기발한 작전도 있었다.

필자는 이승만과 6·25 전쟁에 대한 수많은 사진들을 보았다. 한 장 한 장이 아픔이고 눈물이고 감동이었다. 그중에서도 탈출한 포로들의 행렬을 찍은 사진은 잊을 수 없는 기억으로 남아있다. 자유를 향하여, 그리고 대한민국을 향하여, 인민 군복을 던져버린 포로들은 이승만의 대형 초상화를 받들고 행진했다.

누가 그들을 살렸는지, 누가 혈맹(血盟)의 배신자가 되어가면서까지 동족을 구했는지, 누가 비참이 예정되어 있는 2만 7천명에게 새로운 생명을 선물했는지, 누가 약소국의 지도자로 강대국을 제압했는지를, 그들은 알고 있었다.

반공포로 석방 발표문

역사적인 거사를 단행하기 전날, 이승만은 아이젠하워에게 편지를 보냈다. 미국의 원조에 감사한다는 점잖은 내용과 휴전 협정에 반대한다는, 오랫동안 되풀이했던 주장을 담은 편지였다. 아이젠하워는 편지와 폭탄을 거의 동시에 받았다.

그는 말했다. "6월 17일자로 나에게 보낸 이대통령 서한의 잉크가 채 마르기도 전에 폭탄이 터졌다... 이 대통령의 조치는 우리가 몇 달 동안 북한과 중공에 대해 주장해온 입장의 바탕을 송두리째 무너뜨리는 것이었다."

아이젠하워의 첫 번째 반응은 분노였다. 포로 석방 당일 아이젠하워는 이승만을 적으로 규정했다. "이승만의 일방적인 행동은 약속 파기이다. 미국은 이승만이라는 또 다른 적을 만났다."

하지만 아이젠하워는 자신이 한가하게 분이나 내고 있을 처지가 아님을 즉시 깨달았다. 그는 사면초가(四面楚歌)로 몰리고 있었다. 한국 전쟁 종식을 공약으로 내걸고 대통령에 당선되었는데, 이승만이라는 강력한 적수로 인해서 휴전 협정 자체가 물거품이 될 수도 있었다.

공산군에서는 반공 포로 석방이 미국과 한국의 합의에 의한 것이 아닌지

의심하고 있었다. 미국 국민들은 약소국을 도와주러 갔다가 몇 만 명씩 죽고 나서 도와준 나라에게 배신당하고 뒤통수나 맞는 아이젠하워 대통령을 한심스럽게 여길 수도 있었다. 아이젠하워에겐 휴전 협정은 물론, 자신의 정치 생명도 날려버릴 수 있는 폭탄이 터진 셈이다.

6월 18일에 이승만을 적이라고 말했던 아이젠하워는 하루 만에 말을 바꿨다. 6월 19일, 그는 말했다. "우리는 한국으로부터 절대 퇴장해서는 안 되며, 공산주의자들이 한국을 차지하도록 결코 방치해서도 안 된다." 그것은 이승만의 승리를 예견하는 신호였다.

훗날 아이젠하워는 이승만에 대해서 이렇게 회고했다. "이승만이 철저하게 비협조적이고, 나아가 반항적이기까지 한 사례들을 담은 긴 목록을 만들기는 불가능하다. 이승만은 지금까지 너무나 마음에 들지 않는 동맹자(an unsatisfactory ally)였기 때문에, 그를 가장 심한 말로 통렬히 비난해도 조금도 지나치지 않는다."

공산권에서는 예상대로 미국을 향하여 비난을 퍼부었다. 소련의 지시에 따라 움직이는 그네들 입장에서는 약소국의 대통령이 미국과의 사전 교감 없이 2만 7천이나 되는 포로를 일방적으로 석방했다는 것을 믿기 어려웠다. 그러면서도 내심 휴전을 바라고 있었기에, 입으로는 거세게 비난하면서도 휴전 협상 자체를 깨기는 원치 않는, 어정쩡한 상태였다.

미국에게 폭탄 맞은 느낌을, 공산측에게 배신감과 혼란을 던진 이승만은 유유히 "반공포로 석방 발표문"을 낭독했다.

"제네바 협정과 인권에 관한 원칙에 따른다면 한국의 반공적인 전쟁 포로는 지금보다 훨씬 오래 전에 이미 석방되었어야 마땅한 것이다. 이들 포로들을 석방하려는 우리의 뜻을 전달받은 대부분의 국제 연합 당국자들은 우리를 동정하고 원칙에 찬성하고 있는 것이다. 그러나 국제적인 복잡한 사정으로 인하여 우리는 너무나도 장기간 이 사람들을 부당하게 억류시켜 왔다.

지금 국제 연합이 공산당과 맺은 협정은 사태를 그 어느 때보다 더욱 복잡하게 만들고 있으며, 이로 말미암아 심각한 결과를 빚어 적에게는 만족을 주고 우리 국민들에게는 오해를 자아낼 중대한 결과를 초래할 것이다.

앞으로 빚어질 이 중대한 결과를 피하기 위하여 나는 1953년 6월 18일, 이날에 나 자신의 책임 하에 반공적인 한국인 포로들의 석방을 명하였다. 내가 유엔군 사령부와 기타 당국자들과 충분한 협의 없이 이 조치를 취하게 된 이유는 설명을 안해도 너무나 명백한 것이다.

각 도의 도지사들과 경찰 책임자들에게는 자기들의 능력을 다하여 이들 석방된 포로들을 돌보아 줄 것을 훈령하였다."

이승만의 글은 희한하게 명문(名文)이다. 감상적인 표현도 미사여구도 별로 없다. 그저 사실을 담담하게 기술하고 있는데, 마음에 깊은 감동을 준다. 독창적이고 때론 엉뚱하고 기발한데, 왠지 눈물이 배어있는 것 같은 느낌도 준다. 반공 포로 석방 발표문도 그렇다.

미국, 소련, 중공 같은 강대국을 포함해서 16개 참전국과 남북한을 모두 놀라게 한 뒤에, 너무나 천연덕스럽게, 이건 진작 했어야하는 일이었다고 말한다. 오히려 너무 늦어서 반공 포로들을 잡아놓은 것이 미안하다는 투로 능청을 부린다.

그리고 휴전 협정은 문제를 심각하고 복잡하게 만들 뿐이라고 간단히 말한다. 무엇이 심각해지고 왜 복잡해지는지 일일이 해설하지 않는다. 우리를 위해 삼년간이나 피를 흘리며 씨워준 유엔군에게 사전에 통보하지 않은 이유는 굳이 설명하지 않아도 다들 알 것이라고, 어떻게 보면 솔직하고 다르게 보면 노련하게 말하고 넘어간다.

그리고 아주 태연하고 차분하게 도지사들과 경찰들에게 석방된 포로들을 돌볼 책임이 있다고 지시한다. 전 세계를 경악시켜놓고 차분하게 업무를 지시하며 우리 민족의 살길을 찾아가는 모습, 생각하면 생각할수록 이승만답다.

어찌 보면 평범한 담화문 같기도 하고 업무 지시문 같기도 한데, 특별히 문학적인 글도 아닌데, 읽으면 읽을수록 명문이다. 글이 주는 감동은, 엄밀하게 따지면 사람에게서 온 것이다. 민족의 생존이 위협받는 절체절명의 위기 앞에서도, 조국의 위엄과 지도자의 당당함을 마지막까지 지키며, 강대국과 대결하는 처절한 승부를 벌이는, 말로 표현못할 내면을 철저하게 감추고 냉철하게 한 자 한 자 써내려간 글에서 울려나는 감화력이다.

최대한 감정을 통제하며 냉정하게 써내려간 글에 좌절과 통곡과 용기가 배어있다. 흥정과 교활이 엿보이면서도 진심으로 울린다. 문장의 수준을 논하기 어려운, 참으로 명문이다.

이승만의 조치는 세계적인 화제였다. 약소국이 자신을 지키기 위해서 주먹을 휘두른 사례는 세계인들에게 강렬한 인상을 남겼다. 유엔 한국 위원단은 1953년을 정리한 보고서에서 반공 포로 석방의 결과를 다음과 같이 표현했다.

"한국 정부는 강력하고도 독자적인 리더십을 발휘했다. 이 대통령의 위상은 휴전과 반공포로 석방과 관련해 그가 취한 태도 때문에 당해 기간 중 더욱 높아졌다. 지난해의 가장 두드러진 추세를 든다면 정부의 자신감이 증대한 것이다. 대한민국 정부는 자국의 국익을 국제 사회에 납득시키기 위해 당당히 주장하는 의지를 과시했다."

미국측으로서는 날벼락을 맞았지만, 국가의 일을 처리하고 전쟁을 하는 입장에서 이승만의 애국심과 결단력에 내심 존경을 표하는 이들도 많았다. 이 일로 가장 호되게 한방을 맞은 이는 유엔군 사령관 클라크였.

자신이 관할하던 수용소의 포로들이 대거 탈출해버렸으니, 강대국의 최고 사령관에게는 체면을 구기는 일이었다. 그는 포로 석방 당일에, 미군이 고춧가루에 맞았다는 말에 너무 놀라 입에 물고 있던 파이프를 떨어뜨리기까지 했다. 하지만 이승만에게 끊임없이 시달리면서도 그를 존경해왔던 클라크는 이렇게 말했다.

"이 대통령과 의견을 달리하고 결과를 우려하는 사람들까지도 이 석방의 과감성에 대해 프라이드를 느끼고 있었다. 모든 징조는 이 석방 조치로 이 대통령의 국민적 인기가 하늘을 찌르고 있음을 말해주었다."

훗날 클라크는 자신을 그토록 힘들게 했던 이승만에 대해 극찬을 했다. "나는 지금도 한국의 애국자 이승만 대통령을 세계에서 가장 위대한 반공 지도자로 존경하고 있다." 참 멋있는 군인이다.

이승만의 도박은 단순히 정치적인 목적을 위한 것만이 아니었다. 그것은 인류의 양심을 향한 거사(巨事)였다. 비참하게 죽을 것이 확실한 2만 7천명을 무모한 방법을 써서라도 살려낸 행동이 옳다는 것은, 하늘이 알고 땅이 알고 사람이 알았다.

각서 한 장으로 평화와 번영을 약속받다

폭탄을 맞은 아이젠하워는 국무부 차관보 월터 로버트슨을 특사로 파견했다. 1953년 6월 25일 로버트슨이 도착했을 때, 서울은 그를 압박하고 있었다. 주요 도로와 건물들에는 영문과 국문으로 휴전 반대, 북진 통일의 구호가 적힌 플래카드와 깃발들이 휘날리고 있었다.

시내 곳곳에서 시위 군중들이 휴전 반대 데모를 벌였다. 그들은 "한국을 팔아먹지 말라"는 구호를 외쳤다. 로버트슨에게 이것 보라는 깃발들이었고 이걸 들으라는 구호들이었다. 대통령과 국민들의 손발이 척척 맞아들어 갔다.

로버트슨은 갑작스런 포로 석방에 대해서 항의했다. 마침 그 순간에 경무대의 숲에서 까치 한 쌍이 날아갔다. 이승만은 천연덕스럽게 말했다. "저 모습이 얼마나 자유스럽고 평화스럽소? 나는 반공 포로를 공산 지옥으로 보내느냐, 광명의 이 땅에 머물게 하느냐는 문제를 가지고 근 1주일 기도한 끝에 하나님의 계시를 받아 이번 조치를 감행하였소."

이승만의 생애에 일관된 패턴이 있다. 결정적인 순간에 기도를 말하고 신앙을 고백하는 점이다. 국회를 열었을 때, 나라를 세웠을 때, 대통령이 되었을 때, 그리고 우리 민족의 운명을 건 외교전에서 이승만은 공개적으로 기도했고 공식석상에서 기도를 말했다. 참으로 감탄스러운 대목이 아닐 수 없다.

이승만과 로버트슨의 회담은 "또 다른 휴전 회담"으로 불렸다. 18일에 걸쳐서 14번이나 회담이 이루어졌다. 이승만은 회담을 주도하며 로버트슨을 몰아붙였다. 일방적으로 포로를 석방한 한국의 배신을 따지러온 미국 특사는 오히려 미국이 배신자라는 신랄한 지적을 들었다.

"미국에 대한 우리의 확고부동한 신뢰에도 불구하고, 1910년 일본의 한국 합병과 1945년 한반도의 양분에서 볼 수 있듯이, 우리는 과거 두 번씩이나 미국에 배신당했소. 지금의 사태 진전은 또 다른 배신을 시사하고 있소."

회담을 계속하면서 이승만은 특유의 언론 플레이를 곁들였다. 그는 미국 여론의 지지를 호소하는 성명서를 여러차례 발표했다. 1953년 7월 4일 미국 독립 기념일을 맞아 한국 국민들을 패트릭 헨리(Patrick Henry)와 미국 독립 운동가들에 비유하여 방송에서 연설도 했다.

이승만의 매력적인 연설에 감동한 수천명의 미국인들이 격려 편지를 보내왔다. 여러 주의 의회와 연방 기구들이 지지 결의안을 채택했다. 여러 신문들을 비롯해 데이비드 로렌스(David Lawrence)와 기타 영향력있는 언론인들이 강력한 지지를 보냈다.

〈크리스찬 사이언스 모니터〉의 워싱턴 지국장 로스코 드럼몬드(Roscoe Drummond)는 평소 중립적인 태도를 취해왔지만, 이 시기에 대단히 호의적인 기사를 썼다.

"이승만은 정복되지 않았다. 또한 그는 결코 정복할 수 없는 인물이다. 그는 오늘날 극동에서 군비가 가장 잘 되어 있으며 사기도 충천한 최강의 반공군(反共軍) 지도자이다. 현재 대한민국 국민만큼 반공정신이 투철한 사람들은 지구상에 없다고 해도 틀린 말은 아닐 것이다. 한국은 서방 진영을 필요로 하고, 서방 쪽은 한국이 필요하다. 우리를 분리시키려는 어떤 시도도 용납되어서는 안 된다."

이승만의 압박에 시달리면서도 로버트슨은 그에 대한 존경심을 품고 있었다. 이승만 때문에 실컷 고생하고도 그를 존경했던 수많은 미국의 지도자들 - 무초 대사, 덜레스 국무장관, 클라크 사령관 등등 - 의 계보를 로버트슨도 이어갔다. 회담 기간 중 덜레스 장관에게 보낸 보고서에는 이런 대목이 있다. "이승만은 빈틈없고 책략이 풍부한 인물이다. 이승만은 우리 미국을 궁지로 몰아넣었고, 그리고 그는 그것을 잘 알고 있었다...

이승만의 철저한 반공주의와 불굴의 정신은 지원되어야 한다. 미국이 한반도의 통일이 성취될 때까지 한국과 함께 전쟁을 계속하겠다는 약속을 확실히 해준다면, 이승만은 휴전을 반대하지 않을 것이다.

이승만은 휴전이 비단 한국의 분단을 초래할 뿐만 아니라 한국이 장차 주변 강대국들에 의해서 희생될지도 모른다는 강한 우려를 갖고 있다. 미국의 역사에 정통한 이승만은 상원이 대통령이 제안했던 조약을 항상 비준해 주지는 않았다는 역사적 사실을 잘 알고 있다."

다급한 쪽은 아이젠하워 행정부와 로버트슨 특사였다. 이승만은 미국 없이도 끝까지 싸우겠다며 험담을 늘어놓고 한국민은 일치단결하여 우리를 팔아넘기지 말라고 데모를 벌이며, 미국 여론도 이승만에게 호의적이었다.

결국 로버트슨은 남한의 재건을 위한 대규모 경제 원조를 약속함으로써 '흥정의 판돈'을 질렀다. 남한이 '아시아 민주주의의 전시장'이 되도록 막대한 원조를 제공하겠다고 이승만에게 확언하였다.[35]

'민주주의의 전시장'이라는 개념은 한국의 현대사를 이해하는 중요한 키워드이다. 어느 회사이든, 어떤 물건을 팔든, 전시장은 깨끗하고 세련되고 우수해보이게 꾸며놓는다. 자동차 전시장에 고물차를 갖다 놓거나, 아파트 모델 하우스에 싸구려를 늘어놓지는 않는다. 마찬가지로 한국이 아시아에서 '민주주의의 전시장'이 됨으로써 미국은 한국에 막대한 지원을 쏟아 붓게 된다.

공산주의와 대결하는 최전선에 있는 한국이 발전하고 번영해야 민주주의의 우월성을 입증할 수 있기 때문이다. 우리의 번영을 이끌어준 중요한 개념이 이승만의 험담에 시달리던 로버트슨에게서 나왔다.

이승만은 경제 원조는 물론 안전 보장을 끊임없이 요구했다. 말 뿐인 선언이나 행정부가 추진한 조약 정도가 아니라 확실한 보장을 원했다. 미국 정치계의 의사 결정 구조를 환히 꿰뚫어보고 있었던 그는 행정부가 맺은 조약을 상원이 얼마든지 거부할 수 있다는 것을 너무나 잘 알고 있었다.

결국 로버트슨은 "한국과 그 주변에"(in and around Korea) 미군을 주둔시키겠다고 약속했다.36) 선언이나 조약의 차원을 넘어 실제로 한국을 지켜줄 수 있는 군사력의 배치를 약속한 것이다. 두 사람은 한미 상호 방위 조약 체결에 합의했다. 7월 12일 한미 양국은 공동 성명을 발표했다.

그것은 엄청난 도박이었다. 이때 이승만이 얼마나 큰 위험을 무릅썼는지는 훗날에 밝혀졌다. 1975년 8월 3일 〈뉴욕 타임즈〉는 시한이 만료된 국가 기밀문서를 공개했다. 그것이 "에버레디 작전(Operation Eveready)"이었다.

내용은 휴전을 방해하는 이승만을 제거하기 위해 아이젠하워 대통령, 덜레스 국무장관, 그리고 미군 합동 참모회의 본부가 이대통령을 체포하고 한국을 다시 잠정적인 미군정 통치로 전환시키는 계획을 검토했다는 것이었다. 실제로 이승만은 목숨을 걸고 조국을 구하기 위해서 승부수를 던졌던 것이다.

도박의 결과는 대박이었다. 한국은 미국으로부터 안전 보장, 경제 지원을 한꺼번에 받아냈다. 그 대가로 한국이 지불해야하는 것은 휴전 협상을 방해하지 않겠다는 각서 한 장이었다. 우리가 뭘 하겠다는 것도 아니고 그저 미국이 하는 일 방해하지 않겠다는 말 한마디로 일찍이 어느 약소국도 받아본 적이 없는 강대국의 지원을 받아냈다.

허문도의 논평처럼, 한국은 초토화된 국토의 전후 복구비와 경제 원조, 국군을 20개 사단으로 증강, 한미 상호 방위조약 체결 등을 구걸이 아니라 미국을 봐주는 모양으로 확보할 수 있었다.37) 우리 역사 최고의 외교관, 이승만의 업적이었다.

회담 과정에서 로버트슨은 적지 않게 고생했다. 끊임없는 이승만의 험담과 협박을 들어야했고 다양한 경로로 치고 들어오는 논법에 시달려야 했다. 그럼에도 불구하고 그는 이승만의 애국심과 용기에 깊은 감명을 받았다. 미국으로 돌아간 로버트슨은 의회에 제출한 보고서에서 이렇게 말했다. "이 대통령에 대해서 말들이 많지만, 한마디로 그의 주장은 공산주의자와의 싸움이다. 우리 동맹국 모두가 그의 정신을 지녔다면 세상은 덜 시끄러울 것이다."

이승만 – 덜레스 회담과 한미 상호 방위조약

휴전을 방해하지 않겠다는 이승만의 약속에 따라, 미국은 휴전 협정에 박차를 가했다. 반공 포로 석방에 대해서 미국을 거세게 비난했던 공산측도 더 이상 전쟁을 지속할 여력이 없었으므로 신속히 휴전에 동의했다. 결국 500만 명 이상의 목숨을 앗아간 전쟁은 7월 27일 휴전으로 정지되었다.

휴전 협정이 체결된 후, 이승만 - 로버트슨 회담의 결과를 현실화하기 위해서 미국 국무장관 덜레스가 8월 4일 한국을 방문했다. 덜레스와 이승만은 오래전부터 알던 사이였다. 조지 워싱턴과 프린스턴 동문이었고, 덜레스가 전쟁 발발 직전에 국무부 고문 자격으로 한국을 방문한 바 있었다. 덜레스는 음으로 양으로 한국과 이승만을 도와주었던 인물이었다.

전쟁이 터지자, 미국이 즉각적으로 참전하도록 유도했다. 이승만 제거 계획인 에버레디 작전을 놓고 대통령 및 군 수뇌부와 회의를 할 때도 이대통령과 대한민국의 편에 섰다. 미국이 한국에서 민주주의를 지키고 약소국을 보호하기 위해서 싸우는데 이대통령을 체포하면, 그것은 명분에 어긋나는 일이라며 반대했다. 여러 면에서 고마운 인물이다.

6·25와 덜레스의 인연은 참으로 깊었다. 전쟁 발발 일주일 전에 한국을 방문했고 국무장관이 되어 휴전 협정을 성사시킴으로써 전쟁을 마무리 지었다. 6·25 전쟁이 덜레스와 함께 시작되어 그와 함께 끝난 것이다.

이승만과 덜레스의 회담은 사실 그전에 예정되어 있었다. 이승만이 포로 석방이라는 '폭탄'을 던지자, 국무장관 덜레스가 이승만을 초청했다. 이승만은 바빠서 갈 수 없다고 거절하면서, 덜레스에게 오라고 했다. 한국뿐 아니라 수많은 나라들의 명줄을 실제로 쥐고 있던 미국 국무장관에게, 내가 시간이 없으니 당신이 비행기 타고 오라고 했으니, 대단한 배짱이다.

덜레스 역시 비상 상태에 빠져있던 워싱턴을 비울 수 없어서 특사 로버트슨을 파견했다. 그리고 휴전 협정 이후 결국에는 덜레스가 제 발로 찾아왔다. 회담이 서울에서 이루어진 것 자체가 이승만의 판정승이었다.

덜레스도 그점을 인정했다. 이승만을 만난 자리에서 그는 이렇게 말문을 열었다. "나 자신이 직접 이곳으로 온 것은 굉장한 의미가 있소. 강대국의 국무장관이 약소 국가 대통령을 만나 자기들의 정책을 약소국의 정책과 합치되도록 노력하기 위하여 멀리 바다 건너 찾아온 것은 역사를 통해 한 번도 없었던 전무후무한 최초의 사건이오."

이승만은 그의 평생을 통해서 줄곧 성취해왔던 그 '최초'를 여기에서 또 한번 획득했다.

솔직한 덜레스에게 이승만도 솔직히 생각을 밝혔다. 그는 우리 민족 전체의 생명과 희망이 한미 상호 방위조약에 달려있음을 인정했다. 아울러 소련과 중국이 북한을 적극적으로 지원하고 있는 엄연한 현실에서 미국은 '한국이 도움을 요청할 수 있는 유일한 국가' 임을 솔직하게 토로했다.[38]

덜레스와 이승만은 미국이 한국을 지켜준다는 큰 틀에서는 동의했지만, 구체적인 방법과 규모에 있어서는 치열하게 맞부딪쳤다. 서로를 높이 평가하고 내심 존경하는 두 사람이었지만, 자신의 국가를 위한 충성심도 그에 못지 않게 강했다. 기본적으로 이승만은 더 많은, 확실한 지원을 요구했고 덜레스는 이만하면 충분하며 그만큼도 미국 입장에서는 커다란 부담이고 양보라는 입장이었다.

두 사람의 견해에 불꽃이 튄 것은 일본 문제였다. 이승만은 미국의 동아시아 정책이 일본을 중심으로 전개되는 것이 불만이었다. 한국 전쟁을 통해서 일본 경제가 크게 부흥한 것도 못마땅했다. 36년간이나 우리를 착취했던 일본이 우리의 비극을 통해서 돈을 벌고 다시 강대국이 된다는 것은 이승만에게 참을 수 없었다.

이승만은 일본의 오랜 침략주의 근성을 지적한 세계적인 베스트셀러

『Japan Inside Out』을 저술했던 인물이다. 그가 일본의 재침략을 우려한 것은 당연했다. 이승만은 한미 상호 방위조약을 통해서 공산권 못지 않게 일본의 재침략으로부터 한국을 방어해야 한다고 강조했다.

덜레스는 미국 역시 일본이 다시 강대국이 되기를 원하지는 않는다면서도, 한국과 일본이 협력 관계를 맺을 것을 제안했다.

두 사람의 회담을 지켜본, 한국과 미국 양측의 문화와 정치에 모두 정통한 로버트 올리버는 이렇게 말했다.

"전 세계의 모든 정치인들 중에서 이 두 정치가는 공산주의 위협의 성격과 이에 대처하는 방법에 대하여 가장 기본적으로 뜻을 함께 한 까닭에, 이 장면에는 슬픔과 기구함이 짙게 깔려있었다. 이 두 사람은 덜레스의 표현대로 전쟁 없이 소련으로부터 얻어낼 수 있는 모든 것을 얻기 위하여 '절묘한 부전승(不戰勝)의 전략'을 쓸 줄 아는 도박사의 기질을 가진 용감한 사람들이었다. 기질에 있어서도 이 사람들은 닮은 데가 많았다...

두 사람에 대한 나의 존경심은 높았다. 두 사람은 그들이 피할 수 없는 역할을 하도록 강요당하고 있는 것이다... 이들은 우정과 상호 존경 속에 이별을 고하였다."[39]

미국의 동아시아 정책에 대해서는 합의에 이르지 못했지만, 한미 상호 방위조약은 예정대로 추진되었다. 8월 8일 미국 국무장관 덜레스와 한국 외무장관 변영태는 "대한민국과 미합중국 간의 상호 방위조약"에 가조인했다. 이 역사적인 조약은 1953년 11월 17일부터 정식으로 발효되었다.

대한민국의 생존을 가능케 한 한미 상호 방위조약은 전문과 6조로 구성

되어 있다. 이 조약은 제 1조에서 조약을 체결한 당사국은 양국이 합법적으로 통치하고 있는 영토에 대한 외부의 무력 공격을 자국의 평화와 안전을 위협하는 것으로 간주하면서, 국제적 분쟁을 유엔의 정신에 따라 가급적 평화적인 수단으로 해결하기로 약속하고 있다.

그러나 어느 한쪽이 외부로부터 무력 공격에 의해 위협받을 경우, 제 2조에서 상호 협의 하에 단독이든 공동이든 그것을 저지하기 위한 적절한 조치를 취할 것을 규정했다. 제 3조는 '적절한 조치'를 취하는 구체적인 방법으로서 '각자의 헌법상의 수속에 따라 행동할 것'을 선언하고 있다.

이 두 조항만을 놓고 보면 한반도에서 전쟁이 재발할 경우 미군이 자동적으로 개입한다는 보장은 없다. 왜냐하면 헌법상 절차를 거쳐 대통령이 의회의 승인을 요청할 때, 의회가 거부하면 미국은 참전할 수 없기 때문이다.

그래서 4조에서는 한국의 전쟁에 미국이 즉각적으로 개입하도록 하는 장치가 마련되어 있다. "상호적 합의에 의하여 미합중국의 육군, 해군과 공군을 대한민국의 영토 내와 그 부근에 배치하는 권리를 대한민국은 허여하고 미합중국은 수락한다"라는 조항이다.

해외에 주둔하는 미군이 공격을 받을 경우, 미국 대통령은 합법적으로 의회의 승인 없이 즉각 전쟁을 선포할 수 있다. 따라서 한국에 미군이 주둔함으로써, 만약 공산군의 공격이 있을 경우, 미국은 즉각적이고 자동적으로 참전할 수 있게 된 것이다.

이승만이 반공 포로 석방이라는 특단의 조치를 취하고 로버트슨, 덜레스와 길고 치열한 공방전을 주고받았던 이유가 바로 "즉각적이고 자동적인"

미국 참전을 확보하려는 것이었다. 결국 "즉각적이고 자동적인"이라는 언급은 없었지만, 사실상 자동 개입을 보장함으로써, 민족의 생존을 지키려는 이승만의 노력은 구체적이고 확실한 열매를 맺게 되었다.

제 5조는 양국의 헌법상의 수속에 따라 비준되고 그 비준서가 교환된 다음 발효한다고 규정하고 있다. 마지막으로 제 6조는 조약은 한미 양국이 원하는 한 무기한으로 유효하다고 선언하고 있다.

'무기한 유효'한 조약에 의해서 1953년 이후 이 땅에서는 전쟁이 없었다. 5천년 역사상 천번의 침략을 받았고, 조선 말기 이후로는 13년마다 한 번씩 큰 전쟁을 치러야 했던 이 나라에 일찍이 없었던 "70년간의 긴 평화"가 찾아왔다.

닉슨, 이승만에게 한 수 배우다

상호 방위조약은 체결되었지만, 그렇다고 미국과 한국의 견해가 일치한 것은 아니었다. 미국은 휴전으로 한국 전쟁은 끝났다고 생각했다. 하지만 이승만은 휴전은 글자 그대로 휴전일 뿐, 종전은 아니라는 입장이었다. 민족을 위해 평생을 바친 그에게 조국의 분단은 받아들이기 어려운 현실이었다. 미국의 지원으로 군사력을 증강하여 북진 통일을 이루어야 한다는 것은 이승만의 한결같은 신념이었다.

따라서 미국의 지원은 합의가 되었지만, 그 규모에서 양측은 팽팽하게 맞섰다. 이승만은 최소한 한국군 단독으로 북한과 대등한 수준의 대규모 무력 증강을 요구했다. 미국은 어차피 주한 미군이 주둔하고 있으므로, 그 정도까지 증강될 필요는 없다는 입장이었다.

그러나 이번에도 아쉬운 쪽은 미국이었다. 반공 포로 석방 사건으로 미국은 이승만이 언제 무슨 일을 저지를지 모르는 인물임을 확실하게 배웠다. 실제로 CIA(미국 중앙정보부)를 위시한 정보기관들은 이승만이 언제든지 단독 군사 행동을 감행할 가능성이 있다고 판단했다. 만약 이승만이 또다시 전쟁을 일으키면, 미국은 절대로 말려들지 않겠다는 방침을 정해놓고 있었다.

하지만 실제로 이승만이 다시 전쟁을 일으킨다면, 아무리 말려들지 않겠다는 확고한 방침을 정해놓아도, 미국이 난감한 입장에 놓이게 되는 것은 사실이었다. 전투가 벌어졌을 때, 공산군이 한국에 있는 미군을 빼놓고 한국군만을 구별하여 공격하기란 불가능한 상황이었다. 미군이 공격받아서 전사자가 생기면 보복하지 않을 수도 없는 노릇이었다.

이대통령이 북진을 명령했을 때, 공산측은 당연히 "미국의 식민지인 한국의 괴뢰 정부 수반 이승만이 미국의 앞잡이"가 되어 공격했다고 선전할 것이 분명했다. 미국으로서는 어떻게 하든지 이승만을 막아야 했다. 이 임무를 맡아서 한국을 방문한 이가 당시의 부통령, 훗날의 대통령 닉슨이었다.

한미 동맹을 맺어가는 과정을 보면, 이승만의 상대가 점차 높아진다. 로버트슨 국무부 특사, 덜레스 국무장관, 닉슨 부통령, 최종적으로 아이젠하워 대통령과의 회담으로 이어졌다. 이승만의 위상이 높아지고 대한민국의 중요성이 강조되어가는 과정을 보여주는 사례이다.

1953년 11월, 서울에 온 닉슨은 주한 미 대사관에서 한국과의 협상팀을 이끌고 있는 아서 딘을 만났다. 그는 이승만을 압박하려는 계획을 듣고 이렇게 말했다.

"이대통령의 이빨을 뽑고 그로부터 무기를 빼앗아버리는 행동을 하지 않았으면 합니다. 그는 위대한 지도자입니다. 많은 사람들은 상황이 좋을 때만 친구인 척 하는데 반해 이대통령은 언제나 믿을 수 있는 진정한 친구입니다."[40] 이승만을 알아주는 미국인이, 미국의 이익을 대변해야하는 대사관에도 있었던 것이다.

이승만을 만난 닉슨은 아이젠하워의 친서를 전달했다. 한편으론 한국군 단독 북진은 절대로 안된다는 경고와 다른 한편으로는 이승만이 협조한다면 미국의 지원 계획이 훨씬 순조롭게 의회를 통과할 것이라는 설득이 담긴 편지였다.

닉슨은 이승만에 대해서 이미 들은 내용이 많았다. 미국의 고위 관료들이 가난하고 힘없는 나라의 대통령에게 얼마나 불가사의하게 당했는지도 알고 있었다. 이승만이 불같이 성질을 내리라고 예상하고 있었는데, 이승만은 천천히 고개를 들었다. 그의 입에서 흘러나온 말은 뜻밖이었다. "아주 좋은 편지입니다..."

닉슨의 회고에 의하면 이때 이승만의 눈에는 눈물이 맺혀있었다고 한다. 그 눈물의 의미는 무엇이었을까. 조국을 위해 평생을 바쳐온 78세의 애국자는 조국의 분단을 용납할 수 없었다. 하지만 이제 통일을 위해서 군대를 돌진시키는 것은 절대로 안 된다는 강대국의 경고를 받고 있다.

현실적으로도 그것이 무리임은 너무나 잘 알고 있었다. 어쩔 수 없이 받아들여야하는 조국의 분단, 그 엄연하고 가혹한 현실, 통일 신라 이후로 천오백년 단일 국가를 유지해온 민족이 갈라지는 아픔이 눈물로 고인 것은 아니었을까.

누구보다도 미국을 잘 알았고 미국과 친해지고 싶었고 끊임없이 미국을 닮아가려고 애썼지만, 그와 미국은 참으로 악연(惡緣)이었다. 독립 운동가 시절에는 국무부 관료들로부터 '미친 노인네'라고 숱한 비난을 들었고, 해방된 조국에 돌아와서는 미군정 지도자들로부터 '당신을 총살시킬 수 있는 권리가 있다'는 폭언도 들었고, 이제는 미국 대통령에게 엄중한 경고를 듣고 있는 것이다.

아무리 강한 사람이라고 해도 사람은 어디까지나 사람이었다. 악역(惡役)을 맡은 슬픔이 눈물로 고인 것은 아닐까.

이승만은, 그러나 사사로운 감정에 빠져들지는 않았다. 어디까지나 대통령으로서의 직무에 충실했다. 그는 수많은 미국의 고위 관료들을 가르쳤듯이, 미국 부통령에게도 외교에 관해서 강의했다.

"한국의 단독 행동에 관한 나의 모든 말들은 미국을 도와주기 위함이었소. 만약 공산측에서 미국이 이승만을 마음대로 조종하고 있다고 확신하는 순간에 당신은 당신이 가진 가장 효과적인 협상수단을 잃게 될 것이오. 나아가 우리 모두의 희망을 잃게 될 것이오. 내가 어떤 행동을 취할 것인가에 대해 모른다는 두려움이 공산주의자들에게는 항구적인 견제가 되는 것을 잊지 마시오."

이승만의 강의는 정곡을 찔렀다. 내가 가진 패를 다 내보이는 것은 도박에서나 외교에서나 어리석기 짝이 없는 짓이다. 특히나 적대적인 관계에서는 더욱 그렇다. 이쪽이 어떻게 움직이는지 저쪽에서 예측할 수 없을 때, 이쪽의 패는 커지고 저쪽의 패는 작아지기 마련이다.

그것은 오랜 기간 공산주의자들을 상대해온 경험에서 터득된 노련함이기도 했다. 실제로 이승만이 아무도 예측하지 못한 반공 포로 석방의 패를 던졌을 때, 소련의 〈소비에트 뉴스〉는 다음과 같이 보도했다.

"한국 전쟁이 일어나고서 지난 3년 동안은 도대체 이승만이란 이름을 별로 들어보지 못했다. 이 3년 동안 남한의 모든 문제는 미군 사령관에 의해서만 지시되고 이승만은 부산 한 모퉁이의 미군 뒤뜰 안에 안치되어 있었다... 그런데 이제 갑자기 이승만은 너무도 강대, 강력하기 때문에 유엔군 사령관이나 미국 대통령도, 그리고 미국 의회도 그와 겨룰 수 없다고 말하고 있다. 이런 꼴불견의 연극이 또 어디 있겠는가..."

이승만은 말을 이었다. "내가 한국은 단독으로 행동할 것이라고 말하는 것이 바로 미국을 도와주는 일이오. 나는 한국이 단독으로 행동할 수 없다는 것을 잘 알고 있소. 우리는 미국과 함께 움직여야 하오.

우리가 함께 가면 모든 것을 얻을 것이요, 그렇게 하지 않으면 모든 것을 잃게 될 것이오."

이승만과 닉슨은 우호적인 분위기에서 회담을 마쳤다. 20여 년이 지난 뒤, 닉슨은 자신의 회고록에서 이날의 만남을 회고했다.

"나는 한국인의 용기와 인내심, 그리고 이승만의 힘과 지혜에 깊은 감동을 받고 떠났다. 나도 역시 공산주의자들을 상대할 때, 예측할 수 없게 하는 것(being unpredictable)의 중요성을 강조한 이승만의 통찰력에 대해 많은 생각을 했다. 그 후에도 내가 여행을 하면 할수록, 그 노인의 현명함을 더욱 더 높게 평가하게 되었다."

공산주의자들을 어떻게 상대하고, 효과적으로 제압할 것인가 하는 문제에 관한 이승만의 '강의'는 야심에 찬 40세의 젊은 정치가 닉슨 부통령의 뇌리에 일생동안 잊지 못할 강한 인상을 남겼다.

실제로 닉슨은 대통령으로 재임했던 기간에, 저명한 언론이었던 위커(Tom Wicker)가 명명한 "외교 정책의 불확실성의 원칙(principle of uncertainty)"이 지닌 효율성을 적극적으로 적용하기도 했다. 한국과 인도차이나 문제를 다룰 제네바 회의(Geneva Conference)가 개최되기 직전인 1954년 4월 닉슨은 미국 기자들에게 이승만의 주장을 옹호하면서, 다음과 같이 말했다

"이승만 대통령은 음모자(conspirator)인 동시에 미국의 지원이 없이는 승리할 수 없다는 사실도 잘 아는 현실주의자의 모습을 지닌 복잡한(complex) 인물이다. 그러나 공산주의자들이 이대통령의 일방적인 행동을 두려워하는 한, 그들은 제네바 회의의 협상 테이블에서 그것에 따라 행동할 수밖에 없을 것이다."

훗날 닉슨은 미국의 대통령이 되었다. 워터게이트 사건으로 대통령직에서 불명예 사퇴했지만, 그는 오늘날 공산주의를 붕괴시킨 위대한 전략가로 평가받는다. 대표적인 업적은 이른바 '핑퐁 외교'로 중국과 국교를 맺은 것이다. 이를 통해서 거대한 중국을 친미(親美)로 돌려놓고 소련을 고립시켰다. 열렬한 반공 투사로 역사를 바꾼 강대국 지도자가 평생 간직했던 것은 약소국 지도자 이승만의 가르침이었다.

닉슨은 "여행을 하면 할수록" 이승만에 대해서 높이 평가하게 되었다고 말했다. 실제로 한국을 방문했을 때, 닉슨은 아시아를 순방하고 있었다. 그

당시 닉슨의 눈에 비친 아시아의 지도자들의 모습을 읽어보면, 이승만은 단연 군계일학(群鷄一鶴)이다.

닉슨은 인도네시아에서 수카르노 대통령의 궁전에 초대받은 이야기를 적었다. 수도인 자카르타는 엉망진창으로 더럽혀졌는데, 대통령궁은 호화롭기 짝이 없었다. 닉슨은 "수카르노는 독립전쟁 땐 영웅이었지만, 나라를 다스리는 것은 그렇지 못하다"고 한탄했다. 비가 줄줄이 새는 대통령 관저를 수리도 못하게 했던 이승만과 대조적이다.

캄보디아의 국왕 시아누크를 만나서는 "정치에는 관심이 없고, 음악만 이야기 한다, 희망이 없다"고 평가했다. 베트남 국왕 바오다이는 고원(高原) 지역에 천국처럼 꾸며놓은 별장으로 닉슨을 안내했다. 그것은 결코 좋은 인상을 주지 못했다. 닉슨은 "나라 일엔 관심이 없고, 개인 이익만 챙긴다"고 혹평했다.

닉슨은 영국령 말레이시아에서 다시 한번 이승만을 듣는다. 당시 영국 정부는 이승만을 싫어했다. 영국 수상이 이승만을 사기꾼이라고 욕하기도 했다. 영국의 언론은 "한국에서 민주주의를 기대하는 것은 쓰레기통에서 장미꽃이 피기를 기대하는 것과 같다"는 망언을 하기도 했다.

말레이시아의 영국인 총독은 독설을 퍼부었다. "동남아 지도자 중에는 쓸 만한 사람이 한사람도 없소. 여기에서 필요한 사람은 이승만과 같은 개자식이오." 그것은 희한한 형태의 격찬이었다.

닉슨이 방문했던 나라들은 그 당시의 대한민국과는 비교가 안될 만큼 좋은 여건이었다. 그러나 오늘 그 전세는 완전히 역전되었다. 그 비결을 닉슨의 책이 고스란히 보여준다. 국가 지도자의 역량은 이처럼 중요하다.

이승만의 미국 방문, 그 당당함에 관하여

한미 상호 방위 조약으로 구체화된 한미동맹은 이승만의 워싱턴 방문과 정상 회담으로 마무리되었다. 1954년 7월 26일, 이승만은 워싱턴의 내셔널 공항에 도착했다. 공항까지 영접을 나온 닉슨 부통령의 환영사가 끝난 뒤, 이승만은 15분의 즉석 연설을 했다. "워싱턴의 겁쟁이들 때문에 한국은 통일되지 못하고 공산 세력의 위세만 과시해주었습니다."

'동맹'을 하러 와서 비판을 날렸으니, 이승만 특유의 행동이다. 그것은 한미 양국의 정상 회담이 결코 순탄치 않을 것임을 알려주는 예고탄이었다.

미국이 주최한 환영 만찬에서 양국의 국가원수는 환영사와 답사를 주고받았다. 아이젠하워는 육군 참모학교 시절에 들은 강의를 인용하며 "모든 세상사의 특징은 변화하는 것"이라고 말했다. 소위 문명사회에서 통용되는 규칙까지도 결국에는 변하고 만다고 강조했다.

그 자리에 참석했던 주미 한국 대사관의 서기관 한표욱은 아이젠하워의 연설이 이방원의 하여가(何如歌)와 비슷하다는 느낌을 받았다고 한다.[41] 한때 완강하게 남북통일을 부르짖은 이대통령을 어떻게 해서든 설득해서 현상태 유지에 동의하도록 하려는 아이젠하워의 속셈이 내비쳐졌다는 것이다. 이런들 어떠하고 저런들 어떠하냐, 이방원의 하여가에 대한 답변은 정몽주의 단심가(丹心歌)였다.

이승만은 답사에서 먼저 미국에 대한 감사를 표명했다. "미국 정부와 국민들이 베풀어준 원조와 후의는 말로 형용할 수 없을 정도로 고맙습니다. 여러분의 원조가 없었다면, 모든 것이 어려웠을 것입니다. 우리 장병 하나

하나가 머리에서부터 발끝까지 미국에서 온 장비로 무장한 것을 보아도 그렇습니다."

동시에 그는 한국인들의 용기와 투지를 찬양했다. "한국민의 용맹에 찬사를 표하며 우리는 그런 국민임을 자부합니다. 한국인은 훌륭한 투쟁정신을 가지고 있으며 훌륭한 병사입니다."

결론적으로 그는 조국 통일을 위해서 끝까지 싸우겠다는 일편단심(一片丹心)을 밝혔다. "공산당이 우리 강토를 점령하고 있는 한, 우리는 최후까지 싸울 각오임을 밝혀둡니다. 나는 미국 독립 전쟁 직전 그 유명한 패트릭 헨리의 말을 기억합니다. 그는 말하지 않았습니까? '자유를 달라, 그렇지 않으면 죽음을 달라'고. 그 정신이 바로 우리의 정신입니다."

7월 28일에는 상하양원 합동회의에서 이승만의 연설이 있었다. 아시아의 국가 수반으로서는 처음 있는 상하 양원 합동 연설이었다. 그 자리에 미국의 행정, 사법, 입법의 3부 요인이 모두 참석한 것도 특별했다. 이승만의 국제적 위상을 보여주는 한 단면이다.

참석을 희망하는 인물들이 너무 많아서 의사당측은 방청객 수를 제한하기 위해 특별 입장 카드를 발부했다. 현장에 동행했던 우리 외교관 한표욱은 "대법원 판사 전원, 워싱턴 주재 외교관 전원, 육해공 3군 수뇌부 전원"이 참가했다고 말했다.

마틴 하원의장은 "미국 국민들이 경탄해마지 않는 불굴의 자유 투사"라는 멋진 멘트로 이승만을 소개했다. 이승만의 연설은 미국 국민과 아이젠하워 대통령에 대한 감사로 시작했다. 그중에 특별한 대목이 있다.

"나는 미국의 어머니들에게 마음속으로부터 깊은 감사를 드립니다. 자식을, 남편을, 그리고 형제를 우리가 암담한 처지에 놓여있을 때 보내주신데 감사합니다. 한국과 미국 두나라 군인들의 영혼이 한국의 계곡과 산중에서 하나님 앞으로 올라간 것을 잊을 수 없습니다. 하나님이 그들의 영혼을 받으시고 사랑해주시기를 기원합니다."

이 연설문은 이승만이 직접 작성한 것이었다. 그의 진심어린 감사와 내세(來世)에 대한 분명한 기독교 신앙이 표현되어 있다. 두 나라 젊은이들의 영혼이 한국의 깊은 계곡과 높은 산꼭대기에서 함께 하나님 앞으로 올라갔다는 표현이 심금을 울린다. 미국인들의 가슴에도 여운이 전해져서, 이 대목에서 처음으로 우뢰와 같은 박수가 터졌다.

이승만의 연설은 이어졌다. "수많은 미국인들이 목숨을 바쳐 싸웠으나, 현명치 못한 휴전으로 한국 전선은 포화를 멈추고 일시적 침묵을 지키고 있습니다. 적이 이 기회에 무력을 증강하고 있고, 제네바 정치 회의도 성과 없이 끝난 만큼 이제 휴전 종결을 선언할 시기가 왔습니다. 공산군의 비행기는 우리나라 국회까지 오는데 10분 거리에 위치하고 있습니다. 그러나 죽음은 서울보다 워싱턴에 더 접근해오고 있습니다. 왜냐하면 미국을 파괴하는 것이야말로 크렘린의 최후 목표이기 때문입니다."

여기에서도 박수가 터져나왔다. 하지만 이승만의 연설은 명백히 아이젠하워 행정부를 비판하는 것이었다. 그의 연설은 점차 강경해졌다.

"그렇다면 미국과 우방들은 지금 수소 폭탄을 만들고 있는 소련의 공장들에 폭탄을 투하해야겠습니까? 아니면 도살장에서 죽음을 기다리는, 거세당한 소처럼 우두커니 서 있어야겠습니까? 세계 자유인이 생존하는 길은 평화가 없을 때 부러운 눈치로 평화를 기다리는 것이 아니라 세력 균형을 세차게 흔들어 공산측이 우리를 섬멸시킬 무기를 감히 사용하지 못하게 하는 것입니다.

우리에게 시간적 여유는 별로 없습니다. 수년 내에 소련은 미국을 정복할 방편을 갖게 될 것입니다. 지금이 행동을 개시할 때이며 장소는 한국 전선입니다."

이승만의 탁월한 표현력과 유창한 영어 실력은 그만큼 미국 정부에게는 부담이 되었다. 날카로운 용어와 표현으로 결국에는 미국 정책이 잘못되었고 이대로 가다가는 큰일난다고 말하고 있기 때문이다. 애써 휴전을 맺어놓았는데, 다시 전쟁을 재개해야한다고 이승만은 외치고 있었다. 이승만의 연설은 다음과 같이 끝을 맺는다.

"싸우려는 용기만 있으면 자유세계는 공산 세계를 타도하고도 남을 만한 충분한 힘을 갖고 있습니다. 한국이 자유를 위한 싸움의 선봉이 될 것입니다. 나는 이것이 강경한 주장임을 알고 있습니다. 그러나 공산당이 세계를 강경하게 만들었고 연약함이란 바로 노예가 됨을 뜻하는 무서운 세상으로 바꾸어놓았습니다.

나의 친구들이여, 평화는 결코 공산주의와 민주주의가 반반으로 남아있는 세계에서는 회복될 수 없음을 기억합시다."

로버트 올리버는 이승만이 40분간 연설하는 동안 박수에 의해서 연설이 중단된 횟수를 세어보았다. 모두 33번이었다. 연설을 마친 이승만은 미국의 정계와 군부, 언론계 지도자들 모두의 기립 박수를 받으면서 퇴장했다.

하지만 박수의 여운이 사라지기도 전에 이승만에게 후회가 밀려왔다. 그는 이날의 연설을 가리켜서 "내 일생일대에 저지른 가장 큰 잘못"이라고 말했다. 누구에게도 연설 내용을 알리지 않고 상의하지도 않고 혼자서 작성한 연설문은 틀림없는 명문(名文)이었다. 연설하는 방식이나 제스처나 영어도 나무랄 데 없었다.

하지만 그 내용은 자신을 초청한 미국을 비판하는 것이었다. 그의 표현대로라면 아이젠하워 대통령과 행정부는 "도살장으로 끌려가는 거세당한 소"처럼 우두커니 서 있었고 "노예를 뜻하는 연약함"을 보여주고 있었다. 이는 미국 정부를 불쾌하게 하기에 충분한 자극이었다. 훗날 이승만의 강경한 연설은 한미 관계의 불협화음이라는 부메랑으로 돌아갔다.

미국 대통령에게, 저런 고얀 사람이...

두 나라 정상은 두 차례의 정상 회담을 가졌다. 7월 30일 백악관에서 2차 정상 회담이 예정되어 있었다. 영빈관인 블레어 하우스에 묵고 있던 이 대통령에게 미 국무성 부의전장이 정상 회담 후 발표할 공동 성명서 초안을 들고 왔다.

이 초안에는 이 대통령이 싫어하는 문장이 들어 있었다. '한국은 일본과의 관계에 있어서 우호적이고...'라는 대목이었다. 미국은 한국과 일본이 국교(國交)를 수립하여 동아시아에서 미군 작전이 원활하게 진행되기를 희망했다.

이것은 일본의 재침략을 경계하고 있던 이승만이 동의할 수 없는 사안이었다. 그는 오랫동안 미국이 일본을 중점적으로 지원하는 것을 싫어했다. 이 대통령은 즉각 참모들을 불러 모았다. 그리고 또 한 번 폭탄 선언을 했다. "이 친구들이 나를 불러놓고 올가미를 씌우려는 모양인데. 그렇다면 아이젠하워 대통령을 만날 필요가 없지."

이승만은 회담 자체를 보이콧 하겠다고 고집을 부렸다. 약속 시간인 10시를 지나자 백악관에서 전화가 걸려왔다. 다급해진 측근들이 "그래도 회담은 하셔야 합니다"라고 설득했다. 결국 이대통령은 10분쯤 늦게 백악관의 회담장에 도착했다.

아이젠하워는 타오르는 불길에 기름을 끼얹었다. 이승만에게 한일(韓日) 국교 수립이 필요하다고 말했다. 격분한 이승만은 단호하게 받아쳤다. "내가 살아 있는 한 일본하고는 상종을 하지 않을 것입니다." 대통령이 공식 석상에서 쓰기 어려운 말이요, 외교적인 관계에서는 '막말'이었다.42)

아이젠하워는 화를 벌컥 내면서 일어나 옆방으로 들어갔다. 이대통령은 이때 아이크의 등을 바라보면서 소리쳤다. "저런 고얀 사람이 있나. 저런..." 다행스럽게도 이 말은 통역되지 않았다.

아이젠하워는 가까스로 화를 식히고 회담장으로 돌아왔다. 이번엔 이대통령이 일어났다. "외신 기자 클럽에서 연설하려면 준비를 해야 합니다. 먼저 갑니다." 다른 나라 지도자가 미국 대통령을 기다리게 하고, 심지어 앉혀 놓고 먼저 일어나버린 사례는 이것이 유일할 것이다. 2차 대전의 영웅 아이젠하워가 이승만에게는 지독하게 당했다.

대통령들은 싸웠지만 실무자들은 회담을 계속했다. 결국 미국은 군사원조 4억 2천만 달러, 경제원조 2억 8천만 달러, 도합 7억 달러의 원조를 약속했다. 이 액수는 훗날 1억 달러가 추가되어 8억 달러가 되었다.

그 당시에 8억불이라는 액수는 엄청났다. 1954년 당시 우리나라의 수출액이 2400만 달러였다. 일년 내내 전 국민이 일해서 물건을 만들고 외국에 팔아서 벌어들인 돈의 34배를 이승만이 미국으로부터 공짜로 받아냈으니, 탁월한 외교력이다. 원조가 없이는 살기 어려웠던 우리에게는 생명수나 다름없었다. 그 생명수를 굽신거리지 않고 소리치고 화를 내며 할 말 다하고 받아낸 것이다.

사실 아이젠하워도 인간적으로는 이승만을 이해하고 있었다. 7월 27일 아침, 첫 번째 정상회담을 앞두고 아이젠하워는 측근인 제임스 헤거티(James Hagetty)에게 속마음을 털어놓았다.

"나는 그 노인을 측은하게 생각하고 있다. 그는 자신의 나라를 통일시키기를 원하지만, 우리는 그것을 달성하기 위하여 그가 전쟁을 시작하는 것을 허락할 수 없다. 왜냐하면 그 결과는 너무나 엄청날 것이기 때문이다. 그러나 그는 완고한 노인이기 때문에 나는 우리가 언제까지 그를 붙잡아 둘 수 있을지의 여부를 알지 못 한다."

자신의 조국을 통일시키려는 애국자의 마음을 아이젠하워라고 모를 리 없었다. 동시에 미국 대통령으로서, 더 이상 한국에 말려들어선 안 된다는 것이 그의 정치적 입장이었다. 아이젠하워는 이승만을 언제까지 붙들어둘 수 있을지 자신이 없었다.

바로 그 점 때문에, 인류 역사상 유례를 찾기 어려운 현상이 일어났다. 주한 미군이 자발적으로 인질이 된 것이다. 이것이 소위 '인계철선'(引繼鐵線, trip-wire)의 개념이다. 본래 인계철선이란. 폭탄과 연결된 가느다란 철선을 의미한다. 적의 침투로에 설치하여 적이 건드리면 자동적으로 폭발하는 장치이다.

인계철선의 핵심은 '적의 침투로'와 자동 폭발'이다. 이 개념에 따라 미군 제 2사단을 북한군의 주요 예상 남침로인 한강 이북 중서부 전선에 집중 배치했다. 북한이 쳐들어올 때 미군과 맞닥뜨리도록 한 것이다. 그러면 미국은 자동적으로 참전하게 된다. 해외의 미군이 공격을 받으면 대통령은 의회의 승인 없이 전쟁을 선포할 수 있기 때문이다.

글자 그대로 미군을 최전방에 지뢰처럼 깔아놓는다는 말인데, 이것은 한국이 요청한 사항이 아니다. 미국이 자발적으로 인계철선 역할을 맡겠다고 제의했다. 그 이유는 북한의 남침을 막는 동시에 이승만의 북침을 막기 위해서였다. 북한군이 밀고 내려와도 미군을 통과해야하고 남한군이 치고 올라가려고 해도 미군을 통과할 수밖에 없도록, 길목을 지키는 전략이었다.

반공포로 석방으로 호되게 당한 아이젠하워가 또 한 번 당할 수는 없다는 절치부심(切齒腐心)에서 이런 희한한 방법을 고안해냈다. 이로써, 인류 역사상 찾아보기 어려운 현상, 즉 강대국이 약소국의 안전을 보장하기 위해서 최전방에서 지뢰가 되고 인질이 되는 일이 실제로 벌어졌다.

약소국에게 가장 유리한 조건, 한미 동맹

이승만과 로버트슨, 덜레스, 아이젠하워의 연속 회담으로 한미 동맹은 구체화되어갔다. 1953년 한미 상호 방위조약으로 한국의 안전은 보장되었고 1954년 합의 의사록으로 군사 및 경제면에서의 대규모 지원이 확정되었다. 한국은 전후 복구에 필요한 경제적 지원과 함께 한국군을 72만 명 수준에서 유지할 수 있는 군사 원조도 받을 수 있었다.

김일영은 이를 삼위일체(3)+1 구조로 설명한다. 정전(휴전) 협정, 한미 상호 방위조약, 합의 의사록이 3에 해당하고 인계철선이 1이 된다.[43] 정전 협정으로 전쟁을 중단하고 한미 상호방위조약으로 북한의 남침을 막고 한국의 안전을 보장한다. 합의 의사록으로 군사, 경제 원조를 제공하며 인계 철선으로 한국의 북침을 저지하는 것이다. 이로써 우리 역사상 유례가 없었던 장기간의 평화가 찾아왔다.

한미 상호 방위조약이 체결되었을 때, 이승만은 이렇게 예견했다. "우리의 후손들이 앞으로 누대에 걸쳐 이 조약으로 말미암아 갖가지 혜택을 누릴 것이다." 멸망한 나라를 물려받은 그는 나라를 되찾고 갖가지 혜택까지 첨부한 다음에 후손들에게 물려주었던 것이다.

한미 동맹으로 대한민국이 받은 혜택은 말로 표현할 수 없을 정도이다. 몇 가지로 정리해본다.

첫째로 한반도 및 그 주변 지역에 장기적인 평화가 유지되었다. 청일 전쟁, 러일 전쟁, 만주 사변, 중일 전쟁, 태평양 전쟁, 한국 전쟁 등 불과 70년도 안 되는 기간 동안 대규모의 전쟁만 6번 일어났던 한반도에는 1953년 이후로 단 한 번의 전쟁도 일어나지 않았다. 한반도는 세계의 화약고였다. 그런데 한미 동맹이 화약에서 뇌관을 제거해버렸다.

둘째로 미국의 확고한 방위 보장에 힘입어 한국의 비약적인 경제 성장이 가능해졌다. 미군의 주둔과 지원은 국방비 절감 효과로 이어졌다. 한국은 1970년대 전반기까지 평균 GNP의 4%라는 비교적 적은 국방비만을 써가면서 경제 개발 우선 정책을 추진할 수 있었다. 그것이 "한강의 기적"으로 이어졌다.

셋째로 한미 동맹으로 한국은 군사 강국이 될 수 있었다. 1907년에 대한제국 군대가 일본에 의해서 강제로 해산될 당시, 군인 숫자는 중앙군 4215명, 지방군 4305명, 헌병대 205명, 도합 8785명이었다. 만 명도 안 되는 미약한 군사력이었다.

그런데 한미 동맹으로 한국군 20개 사단이 현대화되었고, 대한민국은 총병력 70만의 대군을 거느리게 되었다.

넷째로 한미 동맹은 한국의 민주화에 기여했다. 미국은 동북아권의 안정에 도움이 되는 민주화를 후원했다.

다섯째로 미국의 지원을 받아 한국은 외교망을 확대했다. 미국은 한국이 '민주주의의 전시장'이 되도록 외교 부분에서도 지원했다. 미국의 동맹국이라는 점이 한국 외교에 기여한 바는 적지 않았다.

여섯째로 한미 동맹은 한국에 문명사적 전환을 초래했다. 한국은 오천년 동안 대륙 문명권에 속해있었다. 중국을 중심으로 한 유교 문화권에 위치했고 역시 중국을 대국으로 섬기는 사대주의 외교를 추진했다.

하지만 한미동맹으로 한국은 해양 문명권으로 진출하게 되었다. 중국과 소련 등 대륙 문명권이 모두 공산화된 상황에서, 반도에 위치해 있지만 휴전선에 가로막혀 사실상 섬이 된 한국은 바다로 뻗어나갔다.

일찍이 이승만은 태평양이 우리 민족의 활동 무대가 되기를 꿈꾸었다. 고단하고 힘겨웠던 망명 시절에, 고달픈 하와이 이민자들을 대상으로 만든 잡지에 〈태평양주보〉라는 이름을 붙인 것도 그런 염원에서였다. 한미동맹은 이승만의 꿈에 날개를 달아주었다. 오늘날 5대양 6대주를 누비는 글로벌 코리아는 이승만의 꿈의 실현이다.

　일곱째로 한미 동맹은 한국의 개방을 촉진했다. 한국은 오랫동안 폐쇄적인 국가였다. 같은 동양권에 속한 중국이나 일본과의 교류도 활발하지 않았다. 그런데 한미 동맹을 통해서 한국과 밀접해진 미국은 세계에서 가장 개방적인 나라였다. 미국과의 우호적인 교류는 한국의 모든 분야에서 개방을 촉진했다. 과거 '은둔자의 나라'였던 한국은 점차 5대양 6대주를 누비는 개방 국가로 성장했다.

　여덟째로 한미 동맹은 한국의 기독교회에 영향을 끼쳤다. 한국과 미국의 관계에는 적지않은 진통과 굴절이 있었다. 그러나 결과적으로 미국은 일본을 물리침으로써 한국을 해방시켰고 건국을 지원했으며 공산 세력의 침략에서 한국을 보호해주었다.
　폐허가 된 한국에서 수많은 한국인들은 미국이 보낸 구호물자로 살아갔다. 미국의 지원은 주로 기독교계를 통해서 이루어졌다. 한국인들에게 미국은 은인의 나라, 구원자의 나라가 되었고 이는 교회의 성장과 기독교인의 증가에 영향을 끼쳤다.

　한미 동맹은 인류 역사상 가장 성공적인 동맹으로 평가받는다. 이는 건국과 마찬가지로 우리 역사 최고의 천재인 이승만의 필사적인 노력이 만들어낸 결과이다. 필자는 이승만을 비판하는 이들에게 같은 질문을 던져왔다.
　"인류 역사 7천년을 연구해보라. 동서고금의 역사책을 뒤적여보라. 약소국의 지도자 가운데 이승만 만큼 강대국에게 당당하고 할 말 다했던 인물이 있었는가? 이승만이 만들어낸 한미 동맹만큼 약소국에게 유리하고 이익이 된 외교 사례가 있는가? 강대국이 자발적으로 약소국의 안전을 위해서 인질이 되어준 사례가 주한미군 이외에 또 있었는가?"

지금까지 필자에게 대답을 한 이는 단 한사람도 없었다.

제 **9** 장

4·19 혁명과 영웅의 퇴장

▲ 1960. 4. 26 뒤늦게 부정 선거의 진상을 파악하고 스스로 대통령직에서 물러난 이승만. 이화장 담벼락에 만수무강을 비는 글들이 붙어있다.

▲ 1965. 7. 27 하와이에서 세상을 떠난 건국대통령의 운구가 서울에 도착했다. 대한민국 국민들은 90년의 거대한 생애를 조국의 독립과 발전에 바쳤던 국부(國父)의 최후를 애도했다.

제 9 장

4·19 혁명과 영웅의 퇴장

비극의 시작, 1954년

시간은 폭군이다. 시간이 휩쓸고 지나가면, 모든 것이 형체를 잃어버린다. 풀은 시들고 꽃은 떨어진다. 싱싱하고 화려했던 청춘은 늙고 병든 노년(老年)이 된다. 힘차게 솟아올랐던 태양도 저물어, 마지막 아름다움을 뿜어내는 황혼을 빚어내고는 사라져버려, 어둠만이 남는다.

한미 동맹은 이승만의 황혼이었다. 스러지는 햇살이 힘을 다해서 세상을 노을빛으로 물들이듯, 그의 천재성과 탁월성이 빛을 발한 찬란한 광채였다. 그러나, 거기까지였다. 황혼은 스러지고 노을은 사라져, 남은 것은 어둠이었다.

생각해보면 꽤 늦게 찾아온 황혼이었다. 당시 한국인들의 평균 연령은 사십 세 안팎, 누군가 환갑을 넘기면 마을에서 잔치를 벌이던 시절이었다. 한미 동맹을 맺어낸 1954년, 이승만은 우리 나이로 여든이었다. 아무리 천재이고 아무리 탁월하다고 해도 가는 세월을 붙잡을 수는 없었다.

노년의 이승만은 실책을 연발한다. 세상을 샅샅이 살피던 그의 눈은 흐려졌다. 조국의 산하를 부지런히 누비던 발걸음도 눈에 띄게 느려졌다. 아무래도 나이를 속일 수는 없다. 이승만의 주변 인물들은 1954-55년을 고비로 이박사의 총명함이 현저히 둔화되는 것을 느낄 수 있었다고 증언한다. 실제로 이 시기 이후, 이승만은 외교와 정치면에서 뚜렷한 성과를 보이지 못했다.

우리 민족의 역사에 빛을 가져왔던 그였지만, 마지막 시간들은 오히려 이 나라에 어둠의 그림자를 드리웠다.

이승만의 노년을 불행하게 마무리한 일등 공신은 자유당(自由黨)이었다. 이승만 정권 내내 국회는 대통령에 대한 강력한 비판자였다. 이대통령은 국회 내의 기존 정당들과 불편한 관계에 있었기에 1952년에 자신이 주도하는 정당을 창건하기로 결심했다.

'이승만 정당'의 이름은 본래 '노농당'(勞農黨)으로 계획되었다가 자유당으로 바뀌었다. 최초에 제안된 이름이 말해주듯이, 이승만은 노동자와 농민 대중을 대변하려는 정당을 세우고자 했다. 이대통령은 가장 유력한 야당인 한국 민주당(한민당)이 "모든 세력자와 부호한 사람들의 의도를 받아가지고 대다수 민중의 회복을 돌아보지 않는다"고 비판했다. 실제로 한민당의 주축은 지주, 양반 출신들이었다. 따라서 그가 세우려는 정당에는 "노동자와 농민을 많이 넣으라"고 여러 차례 지시했다.[44]

이렇게 발족된 자유당은 그 후 8년간 집권 정당이 되었다. 하지만 노동자와 농민 등의 대중을 위한다는 창당 취지는 어느새 흐릿해졌다. 자유당은 대통령을 내세워서 잇속을 챙기며 기득권을 지키려는 부패 정당으로 변질

되어갔다.

하지만 노년의 이승만은 자유당을 제대로 단속하지 못했다. 그것은 1954년부터 뚜렷이 나타났다. 그해 5월 제 3대 민의원 선거가 진행되었다. 선거는 난장판이었다. 경찰이나 폭력단에 의한 방해, 간섭이 헤아릴 수 없을 만큼 많았던 부정 선거였다.

그런데도 이대통령은 오히려 경찰의 간섭에 항의하는 사람을 '소송에 실패한 자가 원통하다고 불평하는 것'이라고 일방적으로 몰아붙였다. 선거가 끝난 다음에는 대체로 '순조롭게 치러진 것'이라고 '치하'했다.

이 장면은 이승만이 세상이 돌아가는 상황을 제대로 읽지 못하고 있음을 보여준다. 그 이유는 '인(人)의 장막'이었다. 고령(高齡)의 대통령을 옹위하는 세력들이, 대통령을 보호한다는 명분으로, 혹은 연세 드신 국부(國父)의 심기를 거스르지 않는다는 구실로, 대통령과 세상을 격리하고 있었던 것이다.

측근들이 둘러친 장막이나 대중과의 격리가 정치 지도자를 몰락시킨다는 것은 동서고금의 진리이다. 이승만 역시 그 점을 잘 알고 있었다. 그는 1949년에 이런 말을 했다. "나는 대통령의 지위나 영광을 중히 여기는 것이 아니요, 우리 민국과 우리 민족을 보호하여 우리나라로 하여금 민주주의의 보루가 되게 하자는 것만이 나의 유일한 목적이니, 대통령의 자리에 앉음으로 인해서 말과 행동을 자유로 못하고 민중과 나 사이에 의사소통이 충분히 되지 못한다면 심히 유감으로 여길 것입니다."

그때만 해도 소통이 안 되는 것을 염려했고 실제로 소통이 잘되고 있었다. 하지만 나이 80을 넘기면서 소통은 불통으로 변질되었다.

자유당은 1954년의 선거에서 불법을 저지른 끝에 원내 절대 다수당을 차지했다. 이승만은 부정을 제대로 파악하지 못했다. 이는 불법에 면죄부를 준 것이나 다름없었다. 오히려 자신감을 얻은 자유당은 결국 넘지 말아야할 선을 넘는다. 그것이 3선 개헌이다.

우리 헌법은 대통령의 3선을 금지하고 있었다. 두 번 대통령을 지낸 이승만은 임기를 마치면 물러나도록 규정되어 있었다. 하지만 자유당은 초대 대통령에 한하여 3선 제한을 철폐하는 개헌을 시도했다.

1954년 11월 17일, 개헌안을 둘러싼 민의원 표결이 진행되었다. 재적 203명 중에 찬성이 135표였다. 헌법을 개정하려면 재적 인원의 3분의 2가 동의해야 하는데, 135표는 한표 부족한 수치였다. 따라서 국회는 개헌안의 부결을 선포했다. 하지만 국회의 선포는 부결에서 가결로 번복되었다. 이때 동원된 것이 사사오입, 우리 국회를 촌극으로 만든 논리였다.

이재학 자유당 원내 총무는 다음과 같이 발표했다. "현 재적 의원 203명 중 3분의 2에 해당하는 정확한 수치는 135.333... 인데 자연인을 정수가 아닌 소수점 이하까지 나눌 수 없으므로 사사오입의 수학적 원리에 의하여 가장 근사치인 135명이 의심할 바 없다.

개헌에 필요한 3분의 2이상 이라는 것은 3분의 2초과라 하는 것과는 다른 의미의 법률적 용어로서 3분의 2의 수를 포함해서 3분의 2와 그보다 많은 수를 지칭하는 것이며 이것을 전술한 수학 방법에 의하면 135명의 찬성으로서 개헌안은 가결되는 것이다."

결국 개헌안은 통과되었고 이승만은 계속해서 대통령에 출마할 수 있었다. 하지만 무리한 개헌의 후유증은 컸다. 독립 운동가로, 건국의 아버지로 대다수 국민에게 존경받던 이승만은 권력에 눈먼 독재자로 비쳐지기 시작했다. 국민의 거부감은 가속화되었다.

이승만 정권에 대한 반발은 집권 자유당 내에서도 일어났다. 14명의 소장파 의원들이 3선 개헌에 반대해서 탈당했다. 그중에 훗날 대통령이 되는 김영삼도 있었다. 사사오입이라는 기상천외한 논리를 동원한 자유당에 맞서서 야당은 연합을 이루었다.

14명의 자유당 탈당파와 장면이 이끄는 흥사단 세력, 민국당 후속 인물들이 1956년 9월 19일 민주당을 창당했다. 이에 따라 자유당과 민주당의 양당 구도가 정립되었다.

1954년은 몰락이 시작된 해였다. 그해 이승만은 경상남도 진해의 소나무를 바라보며 '외로운 소나무(孤松)'라는 시를 지었다.

섬 안에 우쭉 자란 백척 소나무
홀로 고고하게 사시에 푸르렀네
빼어나 우뚝하기 쉬운 일 아니거늘
팔방에 끝없는 바람 혼자 받고 섰구나

빼어나 우뚝하고 고고한 소나무는 마치 이승만을 연상케 한다. 홀로 뛰어났기 때문에 팔방의 끝없는 바람을 혼자서 맞아야 했다. 끝없는 바람에 끝없이 버틴다는 것은 너무나 지치는 일이었다. 이승만은 팔방의 바람에 지치고 눈과 귀가 막혀진, 완고한 노인이 되어갔다.

무르익어가는 혁명의 기운

3선 개헌을 전후해서 이승만에게 도전할 정치 세력은 없었다고 해도 과언이 아니었다. 국회에서는 자유당이 다수를 차지했다. 전쟁을 치르면서 군과 경찰, 관료 조직은 이승만에게 장악된 상태였다. 토지 개혁으로 농민들을 해방시키고 공산화를 막고 미국으로부터 막대한 원조까지 받아내는 이승만은 글자 그대로 국부(國父)였다.

하지만 권력은 부패하고 절대 권력은 절대로 부패한다. 동서고금의 역사에서 자명한 진리를 이승만이라고 피해갈 수는 없었다. 그에게 권력이 집중된 시기에, 그는 노화되었고 자유당은 경직화되었다. 계속해서 문제는 곪아가고 있었다.

정권의 경직화를 보여주는 대표적인 분야는 언론이다. 이승만 정권 치하에서 언론은 폭발적으로 성장했다. 문맹율이 퇴치되면서 구독자가 늘어났기 때문이다. 1954년 당시 56종의 일간지, 177종의 월간지를 포함한 411종의 언론 기관이 활동하고 있었다.

이승만 정권의 언론 정책은 대단히 관대했다. 정부에 대한 비판 논조가 강했던 언론으로는 구한민당 계열의 동아일보, 가톨릭계의 경향신문, 흥사단 계열의 사상계를 들 수 있다. 그들은 비교적 자유롭게 정권을 비판하는 자유를 누렸다. AP 통신이 한국의 언론 자유를 세계 4위나 5위 수준으로 평가했던 것이 그 점을 증명한다.

그 시절에 세계와 겨룬 대한민국의 거의 모든 등수는 백위권 밖이었다. 경제력이나 평균 수명이나 인간 개발 지수에서 한국은 꼴찌 수준이었다.

그런데 언론에 있어서는 세계 5위권이었으니, 얼마나 앞서갔는지를 입증한다. 이처럼 5천년 역사상 처음으로 언론 자유를 세계적인 수준으로 보장한 위대한 민주주의자가 이승만이었다.

그러나 정권이 말기로 치달으면서, 언론 자유를 허용한 업적도 빛을 잃어 갔다. 노령의 이승만은 자신에 대한 비판을 더 이상 인내하지 못했고, 자유당 정권은 매사를 힘으로 누르려고 했다. 언론 자유에 대한 제압, 더 나아가 탄압이 심해졌다. 1959년 마침내 〈경향신문〉이 폐간되었다.

국회에서도 권위주의적 경직화의 현상은 뚜렷이 나타났다. 이승만 집권 초기의 제헌 국회 (1948-50)와 말기의 4대 국회(58-60)를 비교해보면 그 차이는 확연하다.

제헌 국회의 이승만은 정당을 초월한 의회 리더십의 전형을 보여준다. 상이한 견해의 자유로운 표현과 비판에 대한 관용적 자세를 강조했다. 다수의 결정이 자신의 의지와 배치된다하더라고 그것을 받아들이는 자세가 중요하다고 끊임없이 지적했다. 될 수 있으면 합의를 이루려는 진지한 노력을 기울였다.

하지만 4대 국회에서는 반대 의견을 힘에 의해 묵살시켜버리는 경향이 강했다. 따라서 의회의 갈등 처리 기능이 마비되어갔다. 이것 역시 4·19의 중요한 원인이 되었다.

종래의 연구는 4·19를 정치적인 측면에서 해석하는 성격이 강했다. 자유당의 부패, 뒤이은 부정 선거가 국민들의 궐기를 일으켰다는 것이다. 물론 타당한 해석이다. 하지만 정치적인 측면 못지 않게 경제적인 측면도 고려해야 한다. 먹고사는 문제가 인간에겐 가장 기본적이면서 절실하기 때문이다.

그 당시의 우리 경제는 미국의 원조에 절대적으로 의존하고 있었다. 그런데 한국 뿐 아니라 수많은 나라를 원조해야하는 미국의 경제 사정이 언제나 좋을 수는 없었다. 미국은 경제 상황이 악화되자, 원조액을 줄여나갔다. 한국이 직격탄을 맞았다.

1957년 3.8억 달러였던 원조는 1960년 2.4억불로 줄어들었다. 원조액이 37%나 감소한 것이다. 이 당시 대한민국은 국가 재정의 70%를 미국의 원조에 의존하고 있었다. 남의 나라 도움에 의존해서 나라 살림을 꾸려가는데, 도움이 끊기니, 살림이 어려워질 수밖에 없었다. 경제는 휘청거렸다. 1959년 4.8%였던 경제 성장률은 1960년 2.5%로 떨어졌다.

원조는 줄고 성장률은 떨어지는데 실업률은 올라갔다. 특히 대졸자들의 실업률이 심각했다. 이는 6·25 기간 중 병역을 면제 받기 위해서 앞을 다투어 대학에 들어가는 바람에, 대학생 숫자가 크게 늘어난 데도 원인이 있었다.

그 시대를 겪었던 송복(宋復)은 다음과 같이 주장한다. "4·19의 원인이 자유당 정권의 부정부패 때문이라고 말하는 것은 촉발 요인을 지적한 것이다. 실업자 폭발 사태가 4·19를 만들어냈다. 당시의 대학생과 산업 구조를 대비시켜보면 1명 취직시킬 능력인데, 18명이 졸업했다. 대졸 실업자는 폭탄과 똑같다. 거리로 굴러다니던 폭탄이 터질 수밖에 없었다. 대학을 나오면 커튼을 거리에 드리운 것처럼 암담했다. 실업자 폭발 사태가 4·19를 만들어낸 것이다."[45]

인구는 늘어가고 일자리를 만들기는 어렵고 성장률은 떨어지고 실업률은 높아지고, 참으로 암울한 시절이었다.

조갑제는 이 시대의 풍경을 50년대 영화에 자주 등장하는 '룸펜'으로 설명한다. 룸펜이란 배우기는 했지만, 지식을 활용할 일자리가 없는 지식인들을 가리킨다. 대학 나와서 실업자가 된 50년대의 청년들이 여기에 해당된다.

1950년대 흑백 영화를 보면 할 일없는 주인공들이 담배를 많이 핀다. 농촌의 부모들이 우골탑을 쌓아가며 뒷바라지해서 대학까지 보냈는데, 담배 연기나 흩날리는 룸펜이 되었으니, 그 심정이 어떤지는 충분히 짐작할 수 있다. 사회 곳곳에서 불만이 쌓여갔다. 혁명의 기운은 무르익고 있었다.

부정의 종합 세트, 3.15 선거

이승만의 후계자로 지목된 인물은 이기붕(李起鵬)이었다. 그는 무엇보다도 이승만에게 절대 복종하는 스타일이었다. 무난한 성품이었기에, 미국에서도 선호했다. 후계자가 결정되면서 이승만을 둘러싼 인의 장막은 더욱 두터워졌다.

백선엽은 이렇게 회고한다. "후계자가 떠오르고 후계자 측의 인물들이 주변을 에워싸게 되자 대통령의 지도력 감퇴가 날이 갈수록 나에게까지 느껴지기 시작했다. 군을 포함해서 요직의 인사에도 이기붕 측의 간섭이 개입되는 경우가 적지 않았다."46)

1960년 대통령과 부통령을 선출하는 선거가 열렸다. 자유당에서는 이승만과 이기붕, 민주당에서는 조병옥과 장면이 출마했다. 대통령 선거라면 관심사는 당연히 누가 대통령이 되는가이다. 그런데 희한하게도, 당시에는 누가 부통령이 되는가에 초점이 모아졌다. 이유는 두 가지였다.

첫째는 여러가지 실정(失政)에도 불구하고, 여전히 국부(國父)로서의 카리스마를 가지고 있는 이승만을 이기기는, 그 누구에게도 어려웠기 때문이다.

둘째는 이승만이 85세의 고령이라, 언제 무슨 일이 일어날지 몰랐기 때문이다. 대통령 유고시, 부통령이 승계하도록 규정되어 있었으므로, 부통령직을 둘러싼 대결이 치열해졌다. 이는 민주당의 후보 선출 과정에서도 분명히 드러난다. 조병옥과 장면은 서로 부통령 후보가 되고자했다. 결국 장면이 부통령, 조병옥이 대통령에 출마했다.

하지만 선거 한 달을 앞두고 미국에서 치료를 받던 조병옥이 사망했다. 이로써 이승만의 재집권은 확정된 것과 다름없었다. 그렇지 않아도 부통령 선거가 중요했는데, 조병옥의 사망으로 선거는 사실상 부통령을 뽑는 선거로 진행되었다.

문제는 자유당의 부통령 후보로 나선 이기붕의 경쟁력이 약했다는 점이었다. 1956년의 선거에서 대통령에는 이승만이 당선되었지만, 부통령으로는 장면이 선출되었다. 1960년의 선거에서도 장면의 당선 가능성이 높았다. 더군다나 조병옥의 사망으로 대통령 후보를 낼 수 없었던 민주당은 총력을 기울이는 동시에 눈물로 부통령만이라도 뽑아달라고 호소하고 있었.

다급해진 자유당 지도부는 수단과 방법을 가리지 않았다. 이기붕의 당선을 위해서 다양한 수법을 동원했다. 기권표에 자유당을 기표해서 무더기로 집어넣기, 누구에게 투표했는지를 확인하게 하는 공개투표 강요, 금품 살포를 비롯한 금권 선거, 정부 기관들을 모두 동원하는 다양한 방법의 관권 선거가 자행되었다.

심지어 모든 경찰관들에게 미리 사표를 받는 악랄한 방법도 썼다. 선거에서 여당의 표가 확실하게 나오지 않으면, 관할 경찰서의 경찰관들을 해고해 버리겠다는 협박이었다.

1960년의 국무회의는 '부정 선거 내각'의 면모를 보여준다. 이승만 대통령이 참석하지 않은 회의에서는 공개적으로 부정 선거 논의가 이루어졌다. 선거 일주일 전인 3월 8일의 국무회의록을 보면, 그들은 마치 승리가 확정된 것처럼 말했다.

내무장관 : 전 공무원의 일치단결된 지지도 받고 있으니 자유당의 승리가 거의 확실하다.
체신장관 : 경북 달성군은 민주당의 본 고장 같은 곳인데 열렬한 민주당원이 각하를 지지하고 있다.
교통장관 : 공무원 부인까지 활동하고 시읍면장이 잘 이해하고 있으며…

이승만 정권은 그 어느 내각보다도 기독교인 비율이 높았다. 3.15 부정 선거를 집행한 자유당 정권의 마지막 내각도 마찬가지였다. 그러나 그들은 대통령의 눈과 귀를 막고 부정을 저지르는 일에 앞장섰다. 해방, 독립, 건국, 전쟁의 험난한 길에서 이 나라 역사를 이끌어온 견인차 역할을 했던 기독교인들의 어두운 면이었다.

3월 15일 선거 당일, 계획적인 부정이 전국에 걸쳐서 일어났다. 오후 3시에 부정에 항의하는 민주당이 선거 무효를 선언했다. 민주당 마산지부에서 부정 선거를 규탄하는 시위가 최초로 일어났다. 시위대는 경찰과 충돌했다. 그 와중에서 10여명이 사망하고, 70여명 부상당하는 끔찍한 유혈 사태가 발생했다.

그러나 자유당은 야당의 주장을 일축했다. 투표 부정에 이어서 개표 부정까지 자행했다. 개표 결과 이승만 92%, 이기붕 78%로 자유당의 압도적인 승리라고 발표했다.

날짜를 확인해보면, 3월 15일은 이승만에게 잊을 수 없는 날이었다. 1898년 3월 15일 만민공동회가 열렸다. 조선에서 각종 이권을 침탈하고 있던 러시아에 맞서서 민족의 자주와 독립을 지키기 위한 애국 집회였다.

당시로서는 엄청난 숫자인 만여 명의 군중이 집결했다. 그들 앞에 등장한 연설가는 젊은 애국자 이승만이었다. 이승만은 탁월한 언변으로 청중을 사로잡았다. 군중의 대표로 외무 장관에게 항의 서한을 보냈다. 파도처럼 밀어치는 성난 민심에 놀란 러시아는 민중의 요구를 받아들였다. 러시아 고문들을 철수시키고 한로은행(韓露銀行)도 폐쇄시켰다.

3월 15일에, 스물세 살의 이승만은 민주주의를 외치는 대중 정치인으로서 성공적인 데뷔전을 치렀다. 그리고 육십 이년이 흘러 3월 15일에, 팔십오 세가 된 이승만은 민주주의를 파괴하는 부정 선거의 최종 책임자였다. 3월 15일에 일어나서 3월 15일에 무너졌으니, 무상(無常)한 세월이요 무상한 인생이다.

이어서 3월 17일 이승만 대통령의 담화가 발표되었다. 벌써 백 명에 가까운 사상자가 발생했는데도, 대통령은 상황을 전혀 모르고 있었다. 이승만은 유혈 사태에 대해서는 전혀 언급하지 않았다. 오히려 자유당의 선거 승리를 격려하고 야당의 주장을 꾸짖었다.

"안될 일을 하다 실패하고 나서도 깨닫지 못하고 도리어 마산 사건 등의 책임을 자유당에 밀고 있는 것은 당치 않은 일이며..." 국민들은 귀가 의심스러울 지경이었다. 대통령을 둘러싼 인의 장막이 얼마나 견고하며 어처구니없는 지를, 그리고 대통령과 국민 사이의 괴리가 얼마나 큰 지를 확인시켜 주는 순간이었다.

마산에서 시작된 시위는 전국으로 번져갔다. 이때까지만 해도 선거를 다시 하자는 것이 시위의 주된 내용이었다. 자유당은 강경하게 대처했고 한 달쯤 지나면서 시위는 조금씩 수그러드는 모습이었다.

그런데 4월 11일, 뜻밖의 사태가 발생했다. 마산 앞바다에 한 구의 시신이 떠오른 것이었다. 그것은 부정 선거 반대 시위에 참여했다가 실종된 김주열(金朱烈)의 시신이었다. 김주열은 고향인 전라남도 남원을 떠나 마산으로 공부하러 갔다가 시위에 참여했다. 그리고 열일곱 살 꽃다운 나이에 눈에 최루탄이 박힌 참혹한 시신으로 떠오른 것이다. 전 국민의 시선은 마산으로 집중되었다. 잦아들던 시위의 불길은 다시 거세게 타올랐다.

이승만 정권의 최후

이승만이 무언가 잘못되고 있음을 깨달은 시점은 이 무렵이었다. 4월 12일의 국무회의에서 이승만은 김주열의 죽음에 대해서 언급하며 선거에 대한 의혹을 제기했다. 그는 국무 위원들에게 물었다. "혹시 선거가 잘못되었다고 들은 일은 없는가?"

양심이 살아있었다면, 그때 소위 장관이라는 자들이 무릎을 꿇고 석고대죄 했어야 했다. 사실은 부정 선거였고 부작용이 있었고 불의가 저질러졌다고, 대통령 모르게 우리들이 일을 꾸몄다고, 더 사태가 커지기 전에 막아야 한다고 자백했어야 했다.

하기야, 양심이 살아있었다면 애당초 그런 짓은 저지르지도 않았을 것이다. 장관들은 자신들의 잘못을 감추었다. 무언가 심상치 않다는 것을 간파한 이승만은 이런 말을 남겼다. "대통령을 사임하고 다시 자리를 마련하는 이외에는 도리가 없다고 보는데..."

이승만의 비판하는 이들은 흔히 지나친 권력욕을 지적한다. 정치인에게 권력욕이 없을 수는 없다. 하지만 최후의 장면에서 보여지듯, 이승만에게는 권력보다 나라가 우선이었다. 본인도 전혀 모르고 있던 부정 선거 사태를 접하게 되자, 즉시로 물러나야 하는 것 아니냐고 말했다. 하지만 여전히 그의 눈과 귀는 가리워져 있었다.

시시각각, 정권의 최후는 다가오고 있었다. 4월 18일 고려대학교 학생들의 시위가 있었다. 평화로운 집회였다. 그런데 학생들이 데모를 마치고 집으로 돌아가는 길을 깡패들이 습격했다. 자유당 집권 내내 악명을 떨친 정치 깡패들이었다. 그것은 자유당 정권의 종말을 예고한 사건이었다.

나라가 깡패들을 동원해서 정의를 외치는 학생들을 구타했으니, 민심이 요동칠 수밖에 없었다. 다음날인 4월 19일 대학생과 시민들이 합세한 시위가 서울을 뒤덮었다. 국민들은 더 이상 이승만 대통령을 용납할 수 없었다. 군중들은 국회 의사당에서 경무대로 진격했다.

바로 그 시각에 이승만 대통령이 주재하는 자유당의 마지막 국무회의가 열렸다. 사태의 심각성은 알아가면서도 원인은 모르고 있던 이승만이 발언했다. "오늘은 내가 이거 무슨 난중(亂中)에 앉아있는 것 같애. 사람들이 나를 나가라고 하는 모양인데 순순히 좋게 내주려고 해. 나는 무슨 이유인지, 무슨 까닭인지를 똑똑히 알았으면 해. 뭣인지 까닭을 알아야 해결할 것 아냐?"

그 지경에 되었는데도 장관들은 여전히 대통령의 눈과 귀를 가리려고 했다. 홍진기 내무부 장관은 "마산 사태는 1차로 민주당이 선동했고 2차로 공산당이 조종한 듯하다"고 보고했다. 최재유 문교부 장관은 "학생들은 선동을 받은 것으로 보인다. 배후 조종이 있는 것으로 추산된다"고 발언했다.

이런 식으로 자신들의 잘못을 공산당에게 뒤집어씌운 잘못된 역사가 있었다. 그래서 피해를 입은 이들도 분명히 있었다. 그 피해는 오늘날까지 이어져 반공 세력에게도 영향을 주고 있다. 반공을 말하면, 곧이듣지 않고 무언가를 은폐하려고 한다는 식으로 오해하는 이들이 있다. 실제로 공산화를 추진하는 세력이 있는데도, "반공 조작"으로 듣는다.

경무대 안과 밖은 완전히 다른 세상이었다. 경무대 안에서는 장관들이 공산당에게 책임을 돌리고 있었고 밖에서는 국민들이 혁명을 하고 있었다. 국무 회의에서는 거짓말이 난무했고 거리에서는 진실을 향한 투쟁이 벌어지고 있었다.

거짓으로 진실을 가리는 것도 한계가 있다. 마지막 회의에서까지 대통령에게 진실을 말하지 않았던 국무 위원들은 4월 21일 모두 사표를 제출했다. 아마 그때쯤은 이승만도 상황을 파악하고 있었던 것 같다. 이승만은 부정 선거로 당선된 이기붕에게 사퇴를 요청했다.

4월 22일 이승만은 시위로 부상당한 학생들이 입원한 병실을 방문했다. 그것은 참으로 기묘하고 안타깝고 슬픈 장면이었다. 기묘한 점은 노인 대통령과 젊은 학생들이 서로를 향한 적의(敵意)를 보이지 않았다는 것이다. 자신들을 다치게 한 권력자를 향해서 분을 낼 법도 하고, 본인더러 물러나고 한 학생들에게 화를 낼 법도 한데, 그 자리에선 분도 없었고 화도 없었다.

피 흘리며 신음하던 학생들은 대통령을 보고 일제히 외쳤다. "할아버지!" 아마 학생들도 알지 않았을까? 결과적으로는 이승만의 잘못이지만, 인의 장막에 둘러싸인 대통령이 부정을 모르고 있었다는 것을. 데모하다가 다쳐서 상한 다음에도 이승만은 여전히 젊은이들의 할아버지였다.

그날, 이승만도 울었고 학생들도 울었다. 다친 학생들을 하나하나 어루만지면서 이승만은 눈물 섞인 목소리로 말했다. "학생들이 왜 이렇게 되었어? 부정을 왜 해? 암, 부정을 보고 일어서지 않은 백성은 죽은 백성이지! 이 젊은 학생들은 참으로 장하다!.. "

그 기막힌 순간에도 그의 목소리에는 이 나라가 있었고 백성이 있었다.

4월 25일에는 상아탑을 지키던 교수들이 일어났다. 서울 시내 250여명의 교수들이 선거 부정을 규탄하는 서명을 하고 거리로 나섰다. 당시 고려대 교수 이항녕(李恒寧)은 다음과 같이 회고한다.

"당시 교수들 분위기가, 이제 붙들려가도 상관없다는 의식이 생겼다. '학생의 피에 보답하자'고 써서 깃대를 만들고 대형 태극기를 준비해서 시위했다. 국회까지 행진하는데 학생과 군중이 수만명이었다. 가다가 구호를 부르는데 조윤제(趙潤濟)가 '이대통령 물러가라. 대법원장 물러가라'고 말했다. 대통령 물러가라는 구호가 처음 나왔다. 그때까지 그런 구호는 없었다."[47]

이항녕의 증언에 의하면 이승만의 하야를 요구한 구호는 4월 25일에야 나왔다. 그전까지는 부정을 비판하고 자유당을 비난하며 부통령을 다시 뽑아야한다면서도, 대통령 물러나라고는 하지 않았다. 그만큼 이승만에 대한 국민들의 애정이 각별했다는 증거이다.

국부(國父)로 추앙받던 이승만에게 최초로 하야를 요구한 인물, 조윤제는 저명한 국어학자였고 민주 투사였다. 흔히 한국인의 특질을 "은근과 끈기"로 표현한다. 은근과 끈기를 대표적인 우리 민족성으로 제시한 인물이 바로 조윤제이다. 은근과 끈기로 끊어질 듯 끊어질 듯 끊어지지 않는 민족의 정신이 마침내 혁명으로 폭발하는 현장에, 바로 그가 있었다.

조윤제는 자신의 묘비명을 직접 지었다. "생어민족 사어민족(生於民族 死於民族)" 살아도 민족을 위하여, 죽어도 민족을 위하여, 가슴에 민족을 품었던 한 생애의 찬란한 문장이었다. 4·19를 선과 악의 대결로만 보면, 영혼을 울리는 역사의 메아리가 들리지 않는다. 이승만은 악이요 시위대는 선이라고 매도해버리면, 역사의 깊은 진실을 보지 못한다.

4·19 혁명은 드라마보다 더 드라마틱하다 민족을 위해서 살고 죽은 이승만에게 역시 민족을 위해서 살고 죽은 조윤제가 퇴진을 요구했다. 목숨을 걸고 맞붙은 양쪽이 모두 애국자였고 깊이를 가늠할 수 없는 사상가들이었으며, 행동하는 지성이었다. 역사란 이처럼 깊은 것이다.

4월 26일은 "승리의 화요일"이었다. 새벽부터 대규모 군중 시위가 벌어졌다. 학생들과 시민들은 대표단을 구성하여 대통령과의 면담을 요구했다.

시민 대표들은 이승만의 하야를 요구했다. 이승만은 천천히 입을 열었다. "국민이 원한다면 대통령도 물러나야 돼, 그게 우리 민주주의니까…"

그로써, 이승만 정권 12년은 끝났다.

4·19를 어떻게 볼 것인가?

이제까지 4·19는 다양하게 생각할 주제가 아니었다. "이승만의 독재와 국민의 저항"이라는 단답식으로 끝내왔다. 하지만 50년의 세월이 흐른 지금, 이제는 차분히 생각할 시간이 왔다. 4·19를 어떻게 해석해야할까?

첫째로 이승만 정권의 실정으로 4·19가 일어났음은 부인할 수 없는 사실이다. 마지막 국무회의까지 이승만은 정확한 진상을 모르고 있었다. 하지만 그것은 변명의 이유가 되지 못한다.

인의 장막에 둘러싸여 있었던 것은 사실이지만, 장막을 친 인(人)들은 그가 등용한 인물들이었다. 최종 책임자는 이승만이다. 187명의 무고한 생명을 죽음으로 몰아넣고 수천명을 다치게 만들었던 비극은 이승만의 실패를 웅변한다.

둘째로 4·19는 다른 한편으로는 이승만의 성공과 실패가 함께 작용한 결과이다. 박명림(朴明林)은 "이승만의 실정과 업적이 4·19를 불렀다"[48]고 말한다. 조갑제 역시, "이승만은 자기 성공의 희생자"라고 평가한다.

이는 여러 가지 사실로 확인된다. 4·19의 주역은 학생들이었다. 학생 숫자가 비약적으로 늘어난 것은 이승만의 교육 정책이 성공했기 때문이었다. 일제 시대에 어떤 형태로든 교육을 받은 사람은 전 국민의 14%에 불과했다. 이승만이 집권한 이후, 세계 최빈국 수준의 경제 상황에도 불구하고 매년 정부 예산의 10% 이상을 교육에 쏟아 부었다.

그 결과로 취학 연령기 아동의 96%가 입학하는 교육 기적을 이루어냈다.

그렇게 입학한 학생들이 학교에서 배운 것은 민주주의였다. 소설가 김승옥(金承鈺)은 한 좌담회에서 이승만 정권기의 학교에 대해서 말했다. "학교에서는 민주주의에 대한 이론적인 학습만이 아니라 초등학교에서까지도 반장을 선거로 뽑는 등 제도적 장치의 도입을 통해 실제로도 민주주의 훈련을 쌓을 기회가 있었다."49)

교육에 성공해서 학생들이 늘어났고 민주주의를 가르쳤기 때문에 학생들이 봉기할 수 있었다.

이는 언론의 경우에도 마찬가지로 지적된다. 이승만 집권 이전에는 언론 산업 자체가 활성화되기 어려웠다. 일단 글을 읽을 줄 아는 국민이 20% 미만에 불과했기 때문이다. 글자도 못 읽는 사람들이 신문을 사서 볼 수는 없었다. 하지만 이승만 집권기에 문자 해독률은 80%이상으로 치솟았다. 글을 읽을 수 있는 사람들이 늘어나면서 언론은 활성화될 수 있었다.

정권 말년에는 경향 신문 폐간과 같은 조치를 취하기도 했지만, 이승만은 대체로 언론의 자유를 존중해주었다. 따라서 언론은 자유롭게 정부를 비판할 수 있었다. 그 당시 구독률이 높았던 언론들 가운데는 동아일보, 경향신문, 사상계 등이 있었다. 세 언론이 모두 이승만과 대립 구도를 형성했던 반대 세력들의 입장을 대표하고 있었다.

이처럼 언론의 성장과 자유로운 비판활동이라는 이승만의 업적이 있었기에, 시민들의 민주 의식도 향상되고 저항 의식도 자라날 수 있었다.

셋째로 이승만의 하야 결단은 그의 실책에도 불구하고 높이 평가할 대목이다. 최근의 중동 민주화 사태를 보면 이점은 분명해진다. 수천 명, 수만 명이 죽고 다치는 상황에서도 학살을 저지르고 군대를 동원해가며 끈질기게 버틴 독재자들이 허다하다.

이와는 대조적으로 잘못을 깨달았을 때, 국민이 원한다면 물러난다고 했던 이승만의 결단은 희생을 최소화했고 나라를 보존했다. 이 점은 4·19의 전개 상황을 날짜별로 살펴보아도 분명해진다.

4월 12일, 김주열의 시신이 떠오른 직후에 이승만은 잘못이 있다면 물러나야한다고 스스로 말했다. 4월 21일 국무위원 사퇴를 계기로 상황을 파악하자, 즉각 이기붕의 사퇴를 요구하고 시위로 부상당한 학생들을 찾아가서 눈물을 흘렸다.

4월 25일에 교수단 시위에서 하야(下野)를 요구하는 목소리가 들렸고, 다음날 시민 대표와의 면담에서 하야 성명을 발표했다. 물러나야 한다는 말을 이승만이 처음으로 했고, 조윤제가 요구한 다음날 곧바로 사퇴한 점은 부인할 수 없는 역사적 사실이다. 말년의 과오가 평생을 쌓아올린 인격을 허물어뜨리지는 못했다.

넷째로 김인서는 성경의 레위기 16장을 인용하여 이승만을 아사셀이라고 표현했다. 아사셀은 민족의 죄를 대신 짊어진 속죄양을 가리킨다. 과연 이승만은 아사셀이었을까? 그저 본인의 죄로 본인이 받아야할 벌을 받은 것 아닐까? 필자는 아사셀로 볼 수 있는 측면이 분명히 있음을 지적하고 싶다. 이는 몇 가지 사실로 확인된다.

이승만이 아사셀이라는 논리가 성립되려면, 이승만이 아니라 누구라도 그 자리에 있었으면 비슷한 행동을 했을 것이라는 점이 입증되어야 한다. 우리 민족의 지도자들 가운데 누구라도 그 상황에서 그렇게 할 수밖에 없었다면, 그것은 이승만 개인만의 문제가 아니라 우리 민족의 문제가 된다. 따라서 민족의 죄를 짊어진 아사셀이라는 주장은 타당성이 입증된다.

이승만은 민주주의의 파괴자라고 비난받는다. 이 경우를 검토해본다. 1919년 4월 필라델피아 한인 대표자 회의가 열렸다. 독립투사들과 유학생 100여명이 모인 자리에서 "한국인의 목표와 열망"이라는 5가지 결의문이 채택되었다. 그 가운데 "정부 수립 후 10년간 중앙 집권식 통치를 할 것"이라는 대목이 있다.

미국식 민주주의를 추구하되, 당장은 어렵기 때문에 10년 정도는 중앙 집권식 통치, 다시 말해서 강제성을 띤 권위주의적 통치가 필요하다는 주장이다. 1920년 서재필 박사가 상해 임시 정부에 보낸 정책 제안서에도 같은 내용이 실려 있다.

이것은 독립 운동가들 사이에서 일종의 합의가 있었음을 보여준다. 민주주의 전통이 약한 우리나라가 독립한 뒤에 곧바로 미국식 정치를 하기 어려웠다. 10년 정도는 강력한 중앙 집권 정치로 민주국가의 기틀을 준비한 뒤에 민주주의로 이행해야한다는 것이 독립지사들의 시각이었다.

이는 중국 혁명의 아버지 손문(孫文)에게서도 발견되는 견해이다. 손문 역시 민주주의를 실현하기 위해서 10년 정도의 중간 단계를 계획했다. 따라서 이승만이 아니라 누가 대통령이 되었어도, 당장 민주주의를 실시하는 것은 불가능했을 것이다.

이승만이 헌법을 두 차례 개정했던 사실 역시 비난의 대상이 된다. 이승만의 헌법 개정은 잘 알려져 있다. 하지만 알려지지 않은 사실이 또 있다. 상해 임시정부의 헌법 개정이다. 임시정부는 5차례에 걸쳐서 개헌을 단행했다. 그중에 1차 개헌은 이승만을 위한 것이었고 4차 개헌은 김구를 위한 것이었다.

권영설은 다음과 같이 설명한다. "4차 개헌은 실질적으로 김구의 주도력을 제도적으로 보장한 개헌이었다. 당시 김구는 장개석 정부의 지원을 받고 있어서 임시 정부의 재정난을 타개해 나갈 수 있었고 과격한 민족주의자로서 항일전을 능동적으로 지도할 인물로서 부각되었다."50)

나라의 근본이 되는 헌법을 정치인 개인을 위해서 뜯어고친다는 것은 분명히 문제가 있다. 그렇게 문제가 있는 행동은 임시정부에서부터 계속되고 있었다.

6·25 사변의 와중에 전시작전권을 미국에게 넘긴 것도 비난의 대상이 된다. 그러나 1941년 10월 9일 중국과 우리 임시정부는 9개항의 행동 준승에 합의했다.

그것은 우리의 광복군을 중국군 총참모장 휘하에 두기로 한 약속이었다. 우리의 전시 작전권을 중국에게 양도한 것이다. 대개 임시정부의 광복군이라고만 알고 있지만, 사실은 중국군 산하에 소속되어 있었다.

필자의 소견으로, 이승만의 과오는 '대체가능'이었다. 그가 아닌 다른 누가 그 자리에 있었더라도, 저지를 가능성이 높았다. 그보다 더한 과오, 예를 들어 한반도의 공산화같은 엄청난 비극 역시 이승만이 아닌 누군가에 의해서 일어날 가능성이 높았다.

그러나 이승만의 업적은 '대체불가능'이었다. 그만큼 미국을 알고 공산주의를 알고 백성을 국민으로 전환시키는 작업을 지휘할 인물은 없었다. 그러므로 우리의 건국 대통령은 말년의 과오로 덮기에는 너무나 큰 족적을 남겼다고 할 수 있다.

하와이 유폐, 그리고 최후

흔히 이승만 박사의 마지막을 이야기할 때, 하와이로 망명했다고 표현한다. 하지만 이동욱(李東昱)의 적절한 지적처럼, 그것은 망명이 아니라 유폐(幽閉)였다.51) 국어사전의 정의에 의하면 '망명'이란 망명도주(亡命逃走)의 준말로서 '정치적인 이유로 해서 제 나라에 있지 못하고 남의 나라로 피하는 일'이다. 물론 자동사(自動詞)에 속한다.

그러나 이승만의 하와이행은 자의(自意)로 떠난 정치적인 망명이 아니었다. 지친 심신을 추스르기 위해 2-3주 쉬어갈 목적도 있었고, 4·19 이후 소용돌이치는 국내 정치 상황 때문에 부득이하게, 잠시 자리를 비켜주려는 뜻도 있었다. 이승만은 "바람 쐬고 오시라"는 권유를 받아들여 비행기에 올랐다.

부득이하게, 잠시 계획했던 하와이 체류는 그의 마지막 날까지 계속되었다. 이승만은 조국을 그리워하며 돌아갈 날만 손꼽아 기다렸다. 하지만 국내의 정치 상황은 끝내 이승만의 귀국을 막았다. 우리의 건국 대통령은 유폐된 채로 생을 마감해야 했다.

전 생애를 조국을 위해 바쳤던 이승만이 본인도 모르는 채 조국과 작별하던 날, 이 박사 내외는 하와이 교포 월버트 최가 마련한 전세기에 올랐다. 세관원이 올라와 소지품을 뒤져보니, 단 4개의 트렁크뿐이었다.

하나는 이승만 박사의 옷, 하나는 프란체스카 여사의 옷, 또 하나는 소품과 기내에서 먹을 점심과 약품이 든 상자, 나머지 하나는 이박사가 평생 사용해왔던 고물 타이프라이터가 전부였다. 평생 청렴하고 검소했던 대통령 내외의 면모가 다시금 확인되는 장면이다.

광복을 맞아서 빈손으로 돌아왔던 이승만과 프란체스카는 역시 빈손으로 사랑하는 고국을 떠났다.

하와이에서 이승만은 양자(養子)를 맞았다. 처음 아들 인수를 맞이했을 때, 이승만은 이런 질문부터 던졌다. "지금 우리나라가 어떻게 돼가지?" 이인수는 "많은 사람들이 나라를 위해 열심히 일하고 있으니 잘 되어갈 것입니다. 염려 마십시오."라고 대답했다.

이승만은 "그런가? 나라가 잘 되어 간다면 그것은 참 좋은 일이야..." 하고는 눈을 지그시 감았다. 잠시 동안 노인의 얼굴에 회한의 빛이 서리는 듯했다. 그러다가 곧 깊은 한숨과 함께 눈을 뜨면서 침통한 표정으로 또박또박 말했다.

"그런데... 너는 남이 잘된다, 잘된다 하는 소리 아예 믿지 마라. 이렇게 절단이 난걸.... 그렇게 우리나라 일이 쉬운 게 아니야."

인의 장막에 둘러싸여 측근들에게 귀가 막히고 눈이 막혀서 그저 다 잘되는 줄 알았던 노정치가의 후회가 담긴 말이었다.

이승만은 아들 이인수가 곁에 앉아 있으면 더듬더듬 말을 건네곤 했다. "지금 우리나라에서 누가 남북통일을 하려는 이가 있나?" 이인수는 으레 생각해둔 대답을 했다. "우리 국민의 소원이니 모두가 생각하고 있습니다." 그러자 이 박사는 말했다. "그까짓 생각만 해서 뭐해? 아, 이승만이가 한바탕 했으면 또 누가 나서서 해야 할 게 아니야. 내 소원은 백두산까지 걸어가는 게야."

이승만은 조국을 그리워하고 통일을 염원하며 날마다 나라를 위해서 기도했다. 그리고 만나는 이들에게 이것저것 한국에 대해서 물어보면서 돌아갈 날을 손꼽아 기다렸다. 하지만 시국은 복잡하게 돌아가고 있었다.

박정희 정권이 들어서면서 한일 국교 정상화가 추진되었다. 한일 회담에 반대하는 시위는 전국적으로 일어났고 정부는 강경하게 대응했다. 그런 상황에서 철저한 반일(反日)주의자였던 이승만의 귀국은 당시의 정부에겐 커다란 부담이었다.

결국 이승만의 귀국은 허락되지 않았다. 고국에 돌아갈 수 없다는 통보를 받은 87세의 이승만은 그날 이후 다시는 걷지 못했다.

날로 건강이 악화된 이승만은 마우나라니 요양원에 입원했다. 병상에 누운 이승만을 자주 찾아간 오중정은 이 박사가 좋아하는 노래를 병실에서 자주 불러드렸다고 한다. 남궁억 선생이 작사하여 찬송가에 수록된 '삼천리 반도 금수강산'이다.

> 삼천리 반도 금수강산 하나님이 주신 동산
> 삼천리 반도 금수강산 하나님이 주신 동산
> 이 동산에 할 일 많아 사방에 일꾼을 부르네
> 곧 이날에 일 가려고 누군가 대답을 할까
> 일하러 가세 일하러가 삼천리강산 위해
> 하나님 명령 받았으니 반도 강산에 일하러 가세

1965년 7월 19일, 향년 91세로 이승만은 세상을 떠났다. 우리의 건국 대통령이 외국의 요양원에서 최후를 맞이했다는 것은 참으로 애석하고 안타깝고 부끄러운 일이다. 하와이에서 진행된 영결식에는 한국과 미국의 인사들과 교포들이 참석했다. 그중에 보스윅이 있었다.

그는 이승만의 50년 친구였다. 일찍이 이승만이 임시정부 대통령으로 상해에 갈 때, 중국인 노동자들의 관을 실은 배에 이승만과 임병직을 밀항시켜준 바로 그 친구였다. 쓸쓸한 말년을 맞이한 이승만을 찾아와 대화를 나누다가 돌아가는 길에 생활고(生活苦)에 시달리던 프란체스카 여사의 손에 돈을 쥐어주기도 했던 친구였다.

보스윅은 사람들을 헤치고 성큼성큼 걸어 들어와 오랜 친구의 관 앞에 섰다. 그는 금방이라도 울음을 터트릴 듯한 표정이 되어 고인(故人)의 얼굴에 덮여있는 베일을 걷어내더니, 이승만 박사의 이마를 손바닥으로 치며 울부짖었다.

"내가 자네를 안다네! 내가 자네를 알아! 자네가 얼마나 조국을 사랑했는지, 자네가 얼마나 억울한지를 내가 잘 안다네!

친구여! 그것 때문에 자네가 얼마나 고생을 해왔는지, 바로 그 애국심 때문에 자네가 그토록 비난받고 살아 온 것을 내가 잘 안다네! 내 소중한 친구여..." 양자인 이인수가 지금까지 기억하고 있는, 한편의 시와 같은 절규였다.

1965년 7월 27일 오전 이승만 전 대통령의 유해는 국립묘지에 도착했다. 국립묘지에 안장되기 전에 영결식이 있었다. 박정희 대통령의 조사(弔辭)를 정일권 국무총리가 대독(代讀)했다.

정일권 총리는 이승만 대통령 휘하의 육군 참모 총장으로 6·25 전쟁을 지휘했던 인물이다. 이승만으로부터 단독 북진을 결행하여 38선을 넘으라는 명령을 받았던 그가 마침내 사선(死線)을 넘은 대통령의 영결식을 수행하게 된 것이다.

건국(建國)과 호국(護國) 대통령 이승만을 보내는 부국(富國) 대통령 박정희의 조사(弔辭)는 거인을 향한 거인의 마지막 인사였다.

"돌아보건대 한마디로 끊어 파란만장의 기구한 일생이었습니다. 과연 역사를 헤치고 나타나 자기 몸소 역사를 짓고 또 역사 위에 숱한 교훈을 남기고 가신 조국 근대의 상징적 존재로서의 박사께서는 이제 모든 영욕(榮辱)의 진세인연(塵世因緣)을 끊어버리고 영원한 고향으로 돌아가셨습니다...

일찍이 대한제국이 기울어가는 것을 보고 용감히 뛰쳐나와 조국의 개화와 반제국주의 투쟁을 감행하던 날, 몸을 철쇄(鐵鎖)로 묶고 발길을 형극(荊棘)으로 가로막던 것은 오히려 선구자만이 누릴 수 있는 영광의 특전이었던 것입니다.

그리고 일제의 침략에 쫓겨 해외의 망명생활 30여 성상(星霜)에 문자 그대로 혹은 바람을 씹고 이슬 위에 잠자면서 동분서주로 쉴 날이 없었고 또 혹은 섶 위에 누워 쓸개를 씹으면서 조국 광복을 맹세하고 원하던 것도 그 또한 혁명아만이 맛볼 수 있는 명예로운 향연이었던 것입니다.

... 그러나 집권 12년의 종말에 이르러 이미 세상이 다 아는 이른바 정치적 과오로 인하여 살아서 역사의 심판을 받았던 그 쓰라린 기록이야말로 박사의 현명을 어지럽게 한 간신배들의 가증한 소치였을망정 구경(究竟)에는 박사의 일생에 씻지 못할 오점이 되었던 것을 통탄해마지 못하는 바입니다.

하지만 오늘 이 자리에서 다시 한 번 헤아려보면 그것이 결코 박사의 민족을 위한 생애 중에 어느 일부분일망정 전체가 아닌 것이요, 또 외부적인 실정 책임으로써 박사의 내면적인 애국정신을 말살하지는 못할 것이라 생각하며, 또 일찍이 말씀하신 "뭉치면 살고 흩어지면 죽는다."는 귀국 제일성(第一聲)은 오늘날 오히려 이 나라 국민들에게 들려주시는 최후의 유언과 같이 받아들여져 민족 사활의 잠언(箴言)으로 삼으려는 것입니다.

... 어쨌든 박사께서는 개인적으로나 민족적으로나 세기적 비극의 주인공이었던 것을 헤아리면 충심(衷心)으로 뜨거운 눈물을 같이하지 않을 수 없습니다마는 그보다는 조국 헌정사상에 최후의 십자가를 지고 가시는 '어린 양'의 존재가 되심으로써 개인적으로는 '한국의 위인'이란 거룩한 명예를 되살리시고 민족적으로는 다시 이 땅에 4·19나 5·16과 같은 역사적 고민이 나타나지 않도록 보살피시어 자주 독립의 정신과 반공 투쟁을 위한 선구자로서 길이 길잡이가 되어주시기 바라는 것입니다.

... 여러 가지 사정으로 말미암아 박사로 하여금 그토록 오매불망(寤寐不忘)하시던 고국 땅에서 임종하실 수 있는 최선의 기회를 드리지 못하고 이역의 쓸쓸한 해빈(海濱)에서 고독하게 최후를 마치게 한 것을 가슴 아프게 생각하는 바입니다.

... 생전에 손수 창군(創軍)하시고 또 그들로써 공산 침략을 격파하여 세계에 이름을 날렸던 그 국군 장병들의 영령(英靈)과 함께 길이 이 나라의 호국신(護國神)이 되셔서 민족의 다난(多難)한 앞길을 열어주시는 힘이 되실 것을 믿고 삼가 두 손을 모아 명복을 비는 동시에 유가족 위에도 신의 가호가 같이 하시기를 바라는 바입니다."

이승만이나 박정희나 정확하기로 정평이 난 인물들이다. 필자의 소견으로, 박정희의 글은 이승만에 대한 정확한 평가이다. 생각해보면 파란만장한 생애였고 장엄한 애국이었다. 말년의 실정은 거대한 생애의 일부였을 뿐, 그것으로 전체를 덮을 수는 없다.

기독교인이 아니었지만, 박정희 대통령은 기독교적인 용어로 이승만을 적절하게 표현했다. 조국을 위해 최후의 십자가를 지고 가는 어린 양. 실로 그가 져야했던 십자가는 무겁고 고통스러웠다. 한성 감옥의 고문, 유학 시절의 가난, 기약 없는 망명 생활, 건국의 과정에서 뒤집어썼던 오명(汚名), 처참한 전쟁, 약소국의 서러움, 말년의 고통스런 실책, 태평양에서 저물어야했던 최후의 고독.

한 개인이 지기에는 너무나 힘겨운 십자가였다. 조국을 위한 거대한 십자가를 지고 이승만은 신앙과 애국의 길을 끝까지 갔다.

양자 이인수가 기억하는 이승만의 유언은, 그가 해방 후 국민들에게 자주 설교했던 신약 성경의 갈라디아서 5장 1절이었다. 세상살이를 마무리 짓는 마지막 세월에, 대한민국의 건국 대통령은 날마다 기도했다.

"하나님 저는 너무나 늙고 지쳤습니다. 사랑하는 우리 민족을 위해서 더 이상 아무것도 할 수 없습니다. 우리 민족을 하나님께 맡깁니다. 다시는 종의 멍에를 메지 말게 하소서."

마지막 순간까지, 그의 기도에는 우리 민족이 살아있었다.

| 닫는 말 |

왜 이승만인가?

　다시 묻는다. 왜 이승만인가? 김길자의 대답이 참으로 적절하다. "이승만만큼 경쟁력 있는 브랜드도 없다. 그의 삶 자체가 수백편의 드라마, 웅장한 오페라다. 이승만 정신은 한민족의 역사적 재산이며 세계 약소 국가의 독립 모델이다. 더구나 전 세계에 잘 알려진 전설적인 이름 '싱맨 리' 아닌가."
　너무나 경쟁력 있는 브랜드, 이승만은 뛰어난 아이템이다. 동양과 서양이, 한국과 세계가 그의 폭넓은 일생을 통해서 운명적으로 만났다. 자주와 동맹이 치열하게 대결하면서 거대한 용광로 같은 90년 생애에 담겨 녹아들었다. 일과 사랑이, 신앙과 애국이 그의 빛나는 인격 안에서 융합되었다. 이승만은 여전히 살아있다.

　첫째로 이승만은 동양과 서양이 만나는 세계화 시대의 인간형이다. 이문열의 소설 「황제를 위하여」에 붙은 "작가의 말"이다.
　"오늘날의 젊은 세대는 플라톤이나 아리스토텔레스의 저서는 읽으면서도 사서삼경은 낡았다고 읽지 않고, 보들레르에게는 감탄하면서도 이하(李賀)를 아는 이는 드물다. 니체에게는 심취하면서도 장자를 이해하려 들지는 않고, 로버트 오웬은 알아도 허자(許子)는 낯설어한다.

그러나 진정으로 우리가 세워야할 문화의 유형이 있다면, 그것은 우리의 전통에 깊이 뿌리내린 동양적인 것과 새롭고 활기찬 서구적인 것의 조화에 있지, 어느 한편에 대한 일방적인 배척과 다른 편에 대한 무조건적인 추종이나 몰입에 있지는 않을 것이다."

이문열 특유의 현학(衒學)과 교양주의가 물씬 풍겨나는 문장이다. 벌써 이십여년 전의 글이라, 지금과는 차이가 있다. 그때는 플라톤이나 아리스토텔레스나 보들레르나 니체나 로버트 오웬은 친숙하고, 서사삼경이나 이하나 허자는 낯설었는지 몰라도, 지금은 이문열이 언급한 모두가 다 낯설어진 시대이다. 책을 읽지 않는 세대이기 때문이다.

어쨌거나, 그의 결론은 아직도 유효하다. 우리가 세워야할 문화는 여전히 동양과 서양의 조화에 있다. 한쪽에 대한 일방적인 추종이나 다른 한쪽에 대한 일방적인 배타는 바람직하지 않다.

이승만은 동서양이 융합된 인물이다. 그는 동양과 서양에 모두 정통했고, 모두 최고였다. 한문(漢文)으로는 경지에 오른 붓글씨를 남겼고 영문(英文)으로는 베스트셀러를 썼다. 20대에는 사서삼경에 통달했고 30대에는 프린스턴에서 박사 학위를 받았다. 한복을 입으면 선비였고 양복을 입으면 신사였다. 그는 동서 문화를 아우른, 20세기에 등장하기 시작한 새로운 인간군의 전형이었다.

지금은 세계화 시대이다. 세계가 우리 안에 있고 우리가 세계 안에서 산다. 특히 한국은 여행, 연수, 유학, 이민, 무역 등으로 세계에 진출한 인구의 비율이 참으로 높다. 잦은 해외 경험에서 한국인들은 동양과 서양의 만남을 느낀다.

서양 국가에서 살다보면, 내 안의 동양을 느낀다. 서양인들과는 안통하는데, 같은 동양인들 간에만 통하는 무엇이 있다. 외국 생활을 거쳐서 한국에 들어와 보면, 내 안에 어느새 자리잡은 서양을 느낀다. 동양과 서양은 우리네 삶에 깊숙이 들어와 있다.

  동서양이 일상적으로 만나는 시대, 양쪽에서 최고를 경험하고 최고를 취해서 쌓아올린 이승만의 생애는 우리가 따라가야 할 모델이다.

  둘째로 이승만은 세계적이면서 한국적인 캐릭터이다. 이승만이 세계적이었음은 세계적인 언론의 보도에서도 드러난다. 1904년에서 1965년까지, 〈뉴욕타임스〉에 이승만과 관련되어 실린 기사는 모두 1256건이었다. 같은 시기에 미국을 제외한 어느 나라의 지도자들보다도 압도적인 횟수였다. 다른 언론들의 기사까지 더하면, 이승만에 대한 세계 주요 언론의 보도는 수천건을 넘어 수만건에 이를 것이다.

  동시에 이승만은 너무나 한국적이었다. 그의 '한국적'인 캐릭터는 '국적'에서도 나타난다. 주요 독립 운동가들은 다른 나라 국적을 가졌다. 김구는 중국, 서재필과 안창호는 미국 국적을 취득했다. 김일성은 소련군 장교로 아들 이름도 소련식으로 지었다.

  이는 현실적인 선택이었다. 나라가 망해서 없어져 버렸으니, 조선 국적을 가질래야 가질수가 없었다. 독립 운동을 하기 위해서 국적이 필요하기도 했다. 주요 지도자들이 '유국적자'였지만, 이승만은 끝까지 '무국적자'였다.

  그것은 이중의 고통이었다. 독립 운동가들 가운데 국제 여행을 가장 많이 했던 인물이 이승만이었다. 비행기를 탈 때마다, 그의 국적이 문제가 되었다. 여행 허가를 받을 때마다 비정규 여권을 받아야했다. 보다 못한 우드로 월슨 대통령이 미국 시민권을 주겠다고 제안했지만, 이승만은 단호히 거절했다. "내가 대한민국 임시 정부의 대통령인데, 어떻게 남의 나라 국적을 갖겠습니까?"

이승만 덕분에 여러 사람이 고생했다. 프란체스카는 국적이 없는 이승만과 결혼하는 과정에서 미국 입국 비자를 받느라고 고초를 겪었다. 미국 국무부의 시플리 여사는 비정규 여권을 발급하는 까다로운 업무에 지쳤다. 그녀는 프란체스카 여사에게 부탁했다. 남편을 설득해서 미국 시민권을 받게 하라고 했다.

아내가 이야기를 꺼내면, 이승만은 한결같이 대답했다. "한국이 독립할 것이니 기다려주시오." 훗날 프란체스카 여사는 이렇게 회고했다. "나는 남편의 조국 독립에 대한 신념과 그 누구도 범할 수 없는 특유의 위엄과 민족적 자부심에 의해 언제나 압도당하곤 했다... 이 당당한 무국적자인 남편과 내가 이로 인해 겪은 고초는 그분이 대한민국의 건국을 이룰 때까지 계속되었다."

'한국인'이기를 고집하고 '한국인'임을 자랑스러워했던 이승만의 일화는 끝이 없다. 평생의 동지 올리버를 만났을 때, 그는 한국이 세계 최초로 금속 활자를 발명했으며, 거북선을 만들었고 가장 우수한 글자를 가진 민족임을 자랑했다. 미국 연설학회 회장을 지낸 인물을, 읍소나 간청에 의해서가 아니라 당당한 자부심과 해박한 지식에서 나오는 자랑으로 설득해서 동지로 삼았다.

서정주가 그의 전기를 썼을 때는, 자신의 아버지에 대해서 존칭을 붙이지 않았다는 이유로 판매를 금지시켰다. 40년을 미국에서 산 이승만은 서정주에게 "가장 변하지 않은 조선인"이었다. 조갑제의 논평이 적절하다. "이승만의 거대한 생애는, 조선인이 조선인의 혼을 잃지 않을 때 세계적인 큰 인물이 될 수 있음을 보여준 것이다."

이승만은 너무나 세계적이고 동시에 너무나 한국적이어서, 너무나 감동적인 캐릭터이다.

셋째로 이승만은 자주와 동맹의 절묘한 배합을 보여준다. 자주(自主)는 우리의 포기할 수 없는 이상(理想)이다. 동시에 동맹(同盟)은 우리의 부인할 수 없는 현실이다.

한국은 세계의 4대 강대국에게 둘러싸인 유일한 나라이다. 중국, 러시아, 일본, 미국은 아직까지는 우리에게 너무나 강한 상대들이다. 강대국 틈바구니에서 자주를 이루어내기 위한 방법은 동맹일 수밖에 없다.

이승만은 동맹의 파트너로 미국을 선정했다. 그것은 탁월한 선택이었다. 중국과 러시아와 일본은 한반도에 대한 영토적 야심을 끊임없이 드러냈다. 우리의 역사는 그네들에게 짓밟힌 수난의 기록들로 가득 차 있다. 오직 미국만이 한국에 대한 영토적 야심이 없는 강대국이었다.

이승만은 민족의 생존을 위하여 미국을 끌어들였다. 그가 추구한 목표는 동맹이었고, 목표를 이루는 방법은 자주였다. 의존적이며 구걸하는 동맹이 아니라 자주적인 동맹을 맺어내는 천재성을 발휘했다. 친미(親美)와 반미(反美)를 교차하는 그의 용미(用美)는 지미(知美)의 바탕 위에서 가능했다.

이승만의 오랜 동료이며, 마음을 털어놓는 친구였던 로버트 올리버는 이렇게 말했다. "박사님의 전 생애가 친미(親美)로 일관해왔음은 저도 알고 박사님도 다 아는 사실입니다. 박사님이 일생을 통해서 견지해온, 한국 독립 투쟁이 반드시 미국을 통하여 미국에 의해 이루어져야 한다는 원칙과 또한 소련의 침공을 막는 데에도 미국의 지원 없이는 불가능하다는 사실도 저와 박사님은 잘 알고 있습니다. 그러나 이런 목적을 이루어나가기 위하여 특정한 미국 정책에 반기를 드는 일은 지금까지 필요한 일이었습니다."

이승만은 친미 노선이었으나, 친미의 형태는 자주였다. 그는 한국을 위해서 특정한 미국 정책에 끊임없이 반기를 들었다. "친미 자주노선"이라는 표현이 적절하다.

미국은 한국과의 동맹을 원치 않았다. 이에 이승만은 반공 포로 석방이라는 실력 행사로 미국을 압박하여 동맹을 맺어냈다. 싫다는데 억지로 강요했으니, 일종의 깡패 짓이다. 그러나 외교의 천재 이승만은 그것이 옳은 길이며 모두를 살게 하는 길이며, 결국에는 미국의 승리와 영광이 될 것을 확신했다.

한미 동맹이 체결된 직후, 〈코리언 서베이〉에 이승만의 논설이 실렸다.
"마지막으로 한마디를 덧붙이고 싶다. 대한민국은 미국의 너그럽고 원대한 정치적 경륜 때문에 생존을 누리고 있다. 더욱이 미국의 강력한 영도력 없이는 어느 나라의 자유도 보존될 수 없을 것이다. 따라서 워싱턴의 결정은 공산 지배로부터 벗어나 자유로이 남아있기를 원하는 지구상의 모든 국가에게 가장 중요한 의미를 준다.

그러므로 다른 나라에 사는 우리들이 미국의 할 일에 대해 많은 생각과 의논을 기울이더라도 놀랄 일은 아니다. 우리는 모두 같은 배에 타고 있으며 미국 사람은 길잡이이다. 그러나 만일 시원치 못한 항해로 배가 침몰한다면, 우리들 모두가 함께 가라앉게 될 것이다.

올바른 방향으로 배를 몰고 가도록 도움을 주기 위하여 우리의 능력껏 모든 일을 하는 것은 우리의 임무가 아니겠는가?"

이승만은 인류 역사의 배를 올바른 방향으로 이끌고자 했다. 길잡이인 미국이 엉뚱한 곳으로 가려고 할 때, 몸을 던지며 싸워서 방향을 틀어버렸다. 결과적으로 미국은 이승만에게 배웠다. 이승만에게 시달렸던 트루먼 행정부는 공산 세계와의 대결이라는 전략을 수립했다. 불굴의 반공 투사 닉슨은 이승만의 가르침을 평생 간직하며 자유 진영의 승리를 위한 토대를 구축했다. 마침내 이승만의 절친이었던 맥아더를 존경한 레이건에 의해서 소련과 동유럽 공산권은 지구상에서 사라졌다.

이승만의 반공 노선은 한국의 생존과 미국의 승리와 인류의 번영을 가져온 신념이었다. 이승만은 배가 올바르게 가도록, 때론 길잡이를 압박할 줄도 알았던 현인(賢人)이자 용자(勇者)였다.

넷째로 이승만은 일과 사랑의 조화를 보여준다. 이승만이 이루어낸 일은 열거하기가 힘들 정도이다. '최초'만 따져도 행렬은 길어진다.

최초의 한국인 영어 교사, 최초의 영어 연설, 한국인이 만든 최초의 신문, 최초의 일간지, 최초의 연좌 농성, 국내 최초의 개신교 개종, 최초의 국제법 박사, 최초의 남녀공학, 한국인이 쓴 최초의 영어 베스트셀러, 최초의 민주국 건국, 최초의 기독교인 집권자, 우리 역사 최초의 토지 개혁, 최초의 의무 교육, 동양인으로서는 최초의 미국 상하원 합동 연설…

90년 생애는 거대한 열정을 불태운 용광로였다. 그는 끊임없이 일했다. 아무도 안가본 길에 끊임없이 앞장 섰다. 수많은 최초와 최고를 획득한, 최선을 다한 생애였다.

동시에 그는 사랑을 아는 인물이었다. 독립 운동을 위해서 동분서주하다가 만난 오스트리아 여인에게 '사랑'이라는 한국어를 가르쳐줄 만큼 로맨틱했다. 이승만과 프란체스카의 러브 스토리는 현실적으로 강력한 힘을 발휘했던, 아름다우면서 강한 순애보(純愛譜)였다.

독립 운동가 시절, 자신의 일을 돕다가 지친 프란체스카를 위로하면서 이승만은 노래를 지어 불렀다.

아리랑 아리랑 아라리요, 아리랑 고개를 넘어간다
청천하늘엔 별들도 많고, 우리네 가슴속엔 시름도 많다
아리랑 아리랑 아라리요, 아리랑 고개를 넘어간다
오다 가다가 만난 님이지만 살아서나 죽어서나 못잊겠네

마지막 줄은 이승만이 붙여넣은 가사이다. 정처 없이 떠돌던 망명 투사는 오다 가다가 만난 님을 고난의 세월 속에서도 아름답고 낭만적으로 사랑했다.

대통령과 한국을 위한 타이피스트였던 프란체스카 여사는 6·25 전쟁 중의 어느날을 다음과 같이 회고한다.

"나는 점심식사 후 쉴 틈도 없이 책상에 앉아 외국으로 보낼 전문과 편지들을 타이핑하느라 바쁜 오후를 보냈다.

　한창 편지들을 차례로 타자하고 있는데 창밖에서 장미꽃 한 송이가 휙 날아들어 타이프라이터 위에 떨어졌다. 깜짝 놀라 창밖을 내다보니 대통령이 저편으로 걸어가는 뒷모습이 보였다. 생각해보니 오늘은 우리의 결혼기념일이다. 이 와중에서도 잊지 않고 한 송이 꽃을 던져주는 대통령의 포근한 마음씨에 나는 행복감에 젖었다.

16년 동안의 결혼생활을 통해 대통령은 나에게 단 한 번도 돈을 주고 산 선물을 한 적이 없다. 그러나 한 송이 꽃이나 한 개의 사과 같은 것을 주더라도, 그 때마다 방법이 신기롭고 걸맞아 나를 한없이 즐겁게 해주곤 한다."

1950년의 한국 남편이, 그것도 75세의 노인이, 결혼 기념일에 꽃을 던졌다. 참 멋있는 남자다.

다섯째로 이승만은 신앙과 애국의 결합을 보여준다. 그에게서 신앙과 애국은 하나였다. 어디까지가 신앙이고 어디부터가 애국인지를 구분할 수 없는 평생이었다.

이승만에게서 우리는 성서적인 전통을 본다. 이스라엘 여인 에스더는 민족을 살리기 위해서 "죽으면 죽으리라"며 나아갔다. 사도 바울에게는 저주를 받아 그리스도에게 끊어질지라도 원하는 소원이 있었다. 그것은 민족의 구원이었다.

성서는 신앙인들을 낳았고 애국자들을 일으켰다. 압제당하는 민족에게 성서가 주어졌을 때, 자유를 향한 투쟁의 불꽃이 일어났다. 정의를 향한 성서의 가르침은 불의를 향한 저항으로 번져갔다. 성서는 애국과 신앙의 요람이다.

이승만에게서 우리는 교회사의 면면한 흐름을 본다. 복음으로 개화된 신앙인들은 애국의 전선으로 나아갔다. 요한 웨슬레는 부패한 영국에 영적인 혁명을 일으켰고 청교도들은 새로운 나라 미국을 세웠다. 개혁자 마틴 루터는 외쳤다. "나는 죽는 날까지 복음주의요, 나는 죽을 때까지 독일주의다"

투사와 독립 운동가와 대통령이었던 이승만에게서 우리는 신앙에 기초한 거대한 애국을 배운다. 그는 역사가 소용돌이칠 때, 주변으로 피신해서 안락을 즐기지 않았다. 역사의 중심부에 몸을 던져 부서지고 깨어지면서 역사의 새로운 물길을 터뜨렸다. 대한 사람의 새 물줄기는 예수교라고 외치면서 시대를 향해서 투쟁했다.

동시에 하와이에서 보낸 마지막 날들에서 우리는 신앙이 배어있는 소박한 애국을 배운다. 측근들에게 이용당하고 배신당하여 권력에서 밀려난 노인에게는 마지막까지 기도가 있었고 애국이 있었다. 우리의 건국 대통령은 끊임없이 나라와 민족을 위해 기도하면서 태평양의 고독 속에서 저물어 갔다.

홀로 남은 프란체스카 여사는 극도로 절약하는 삶을 이어갔다. 며느리의 회고처럼, 절약에 관해서는 인간의 경지를 뛰어넘은 분이었다. 불가사의한 절약의 이유를 우리의 영부인은 이렇게 설명했다. "우리가 북한 동포들을 위해 근검절약하는 모습을 보이면 아무리 강대국들이라 해도 우리를 함부로 업신여기지 못한다."

그녀는 자신의 관 속에 태극기와 성경책을 넣어달라고 부탁했다. 그리고 관의 덮개는 이승만 박사의 친필 휘호인 '남북통일'로 덮어달라고 유언했다. 마지막까지 이 나라 영부인의 마음에는 북한이 있었고 강대국들 사이에서 생존해야하는 조국이 있었고 통일이 있었다.

이승만과 프란체스카는 신앙과 애국의 교과서이다. 민족을 일깨우고 나라를 위한 투쟁에 앞장서는 거대한 애국의 길이 그들에게 있었다. 동시에 동포들을 위해 기도하고 한 푼 두 푼을 아끼는 소박한 애국의 길을 그들이 걸었다. 그분들을 배우면 누구나 신앙인이요 애국자가 된다.

한성 감옥에서 하나님은 이승만에게 기독교 입국의 꿈을 주셨다. 꿈이 이끌어주는 길을 따라, 대한민국은 말씀의 반석 위에 세워져 기도로 건국되었다. 토지 개혁과 교육 혁명, 남녀 평등과 기독교의 확산이라는 성서적인 비전을 추구했다. 그것은 우리 역사 반만년에 획을 그은 장엄한 혁명이었다.

위대한 혁명에는 끝이 없다. 찬란한 혁명은 언제나 미완(未完)이다. 민족의 새 물줄기를 찾아가는 예수 혁명은 지금도 진행되고 있다. 북한을 해방하여 예수 한국, 통일 조국을 이루어야 할 혁명은 여전히 우리들의 숙명이며 소명이다.

신앙과 애국의 전통을 이어, 한반도에 예수의 혁명을 일으킬 그리스도의 군병들, 21세기의 이승만들이 일어나기를 기원하며, 글을 맺는다.

| 참고문헌 |

1) 박실, 「벼랑끝 외교의 승리 – 이승만 외교의 힘」(서울 : 청미디어, 2010), pp. 59-60
2) 이영훈, 「대한민국 이야기」(서울 : 기파랑, 2007), p. 227
3) 김일주, "농지 개혁은 대통령 이승만의 작품이었다", <조선일보> 2012. 5. 21
4) 이영훈, 「대한민국 이야기」p. 229
5) 대천덕, 「나와 하나님」(삼척 : 도서출판 예수원, 1988), p. 46
6) 이병렬, 「에레쯔 이스라엘」(서울 : 요단출판사, 1991), p. 244
7) 우석훈, 「괴물의 탄생」(서울 : 개마고원, 2008), p. 156
8) Ibid., p. 141
9) 김용직, "대한민국 건국의 정치외교사적 소고", 이인호, 김영호, 강규형 편, 「대한민국 건국의 재인식」, p. 186
10) 박명림, "이승만 집권기 한국의 교육과 민주주의". 유영익 편 「이승만 대통령 재평가」, pp. 349
11) 에릭 홉스봄 저, 이용우 역, 「극단의 시대」(서울 : 도서출판 까치), p. 412
12) 김흥수, "기독교인 정치가로서의 이승만", 유영익 편 「이승만 대통령 재평가」, p. 419
13) 연규홍, "해방 정국과 기독교 건국 운동", 이인호, 김영호, 강규형 편, 「대한민국 건국의 재인식」, p. 337
14) 이주영, "이승만과 기독교", <미래한국> 2005. 4. 14
15) 이한우, 「우남 이승만, 대한민국을 세우다」, p. 521
16) 신봉승, 「국가란 무엇인가」(서울 : 청아출판사, 2011), p. 57
17) 유영익, "대한민국 발전의 비결", 이인호, 김영호, 강규형 편, 「대한민국 건국의 재인식」(서울 : 기파랑, 2009), p. 399
18) 이사벨라 버드 비숍 저, 이인화 역, 「한국과 그 이웃 나라들」(서울 : 도서출판 살림, 1994)
19) Ibid, p. 277
20) 문갑식, "백두신艦은 증언한다", <조선일보> 2011. 9. 8
21) 박실, 「벼랑끝 외교의 승리 – 이승만 외교의 힘」, p. 109
22) 문갑식, "백두신艦은 증언한다"
23) 이영훈, 「대한민국 이야기」, p. 278
24) 조갑제, 「트루먼 이야기」, pp. 39-40
25) 로버트 올리버(Robert Oliver) 지음, 황정일 옮김, 「이승만 – 신화에 가린 인물」, p. 321

26) 프란체스카 도너 리 저, 조혜자 역, 「6·25와 이승만」(서울 : 기파랑, 2004), p. 99
27) Ibid., p. 197
28) 한국 현대사 학회 현대사 교양서팀 저, 「대한민국을 만들다」, p.116
29) 박명림, 「한국 1950 전쟁과 평화」, (서울 : 나남출판사, 2002), pp. 424-457
30) 프란체스카 도너 리 저, 조혜자 역, 「6·25와 이승만」, pp. 266-267
31) 조갑제, "중공군 개입은 재앙 위장한 축복이었다", <조갑제닷컴> 2011. 9. 19
32) 프란체스카 도너 리 저, 조혜자 역, 「6·25와 이승만」, p. 193
33) 김일영, 「건국과 부국 - 현대 한국 정치사 강의」(서울 : 생각의 나무, 2004), p. 163
34) 김성칠, 「역사 앞에서-한 사학자의 6·25일기」(서울 : 창작과비평사 1993)
35) 로버트 올리버(Robert Oliver) 지음, 박일영 옮김, 「이승만 없었다면 대한민국 없다」, p. 488
36) 차상철, 「한미동맹 50년」(서울 : 생각의 나무, 2004), p. 59
37) 허문도, "한민족의 모세, 이승만 부활시키자", 「이승만 다시보기」102
38) 차상철, "외교가로서의 이승만 대통령", 유영익 편 「이승만 대통령 재평가」, p. 164
39) 로버트 올리버(Robert Oliver) 지음, 박일영 옮김, 「이승만 없었다면 대한민국 없다」, p. 505
40) 조갑제, 「공산주의를 허문 8인의 결단」(서울 : 조갑제닷컴, 2009), p. 107
41) 한표욱, 「이승만과 한미외교」(서울 : 중앙일보사, 1996), p. 217
42) 조갑제, "미 대통령 면전에서 '저런 고얀 사람'…" <뉴데일리> 2009. 8. 15
43) 김일영, 「건국과 부국 - 현대 한국 정치사 강의」(서울 : 생각의 나무, 2004), p. 162
44) 김한교, "이승만 대통령의 정치 사상", 유영익 편 「이승만 대통령 재평가」, p. 140
45) 송복 강연, "일류의 논리", 2007. 8. 25
46) 김세중, "군통수권자로서의 이승만 대통령", 유영익 편 「이승만 대통령 재평가」, p. 283
47) KBS, <한국 지성사 : 제 2부 모색을 시작하다>, 2005. 10. 27
48) 이한우, 「우남 이승만, 대한민국을 세우다」, p. 517
49) 김세중, "한국의 압축 민주화", 이인호, 김영호, 강규형 편, 「대한민국 건국의 재인식」, p. 759
50) 권영설, "이승만과 대한민국 헌법", 유영익편 「이승만 연구」, p. 518
51) 월간조선 편집부 엮음, 「이승만, 박정희를 추억한다」(서울 : 월간조선사, 2004), p. 13

| 참고자료 |

1. 도서

- 고정휴. 「이승만과 한국 독립 운동」. 서울 : 연세대학교 출판부. 2004
- 김성칠. 「역사 앞에서-한 사학자의 6·25일기」. 서울 : 창작과 비평사. 1993
- 김일영. 「건국과 부국 - 현대 한국 정치사 강의」. 서울 : 생각의 나무. 2004
- 대천덕. 「나와 하나님」. 삼척 : 도서출판 예수원. 1988
- 박갑동. 「서울·평양·북경·동경」. 서울 : 기린원. 1988
- 박갑동, 이철승 공저. 「건국 50년 - 대한민국 이렇게 세웠다」. 서울 : 계명사. 1998
- 박실. 「벼랑끝 외교의 승리 - 이승만 외교의 힘」. 서울 : 청미디어. 2010
- 박명림. 「한국 1950 전쟁과 평화」. 서울 : 나남출판. 2002
- 서정민. 「교회와 민족을 사랑한 사람들」. 서울 : 기독교문사. 1990
- 서정민. 「한국교회 사회운동사」. 서울 : 이레서원. 1995
- 서정주. 「우남 이승만전」. 서울 : 화산문화기획. 1995
- 선우종원. 「격랑 80년」. 서울 : 인물 연구소. 1998
- 신봉승. 「이동인의 나라」. 서울 : 동방미디어. 2001
- 양동안. 「대한민국 건국사」. 서울 : 건국 대통령 이승만 박사 기념사업회. 1998
- 양호민. 「38선에서 휴전선으로」. 서울 : 생각의 나무. 2004
- 우석훈. 「괴물의 탄생」. 서울 : 개마고원. 2008
- 원영희. 최정태 편집. 「뭉치면 살고... 언론인 이승만의 글모음 1894-1944」. 서울 : 조선일보사. 1995
- 월간조선 편집부 엮음, 「이승만, 박정희를 추억한다」. 서울 : 월간조선사. 2004
- 유영익 편. 「이승만 대통령 재평가」. 서울 : 연세대학교 출판부. 2006
- 유영익. 「이승만의 삶과 꿈 - 대통령이 되기까지」. 서울 : 중앙일보사, 1996
- 유영익. 「젊은날의 이승만」. 서울 : 연세대학교 출판부. 2002

- 유영익 편. 「이승만 연구」. 서울 : 연세대학교 출판부. 2003
- 이문열. 「황제를 위하여」. 서울 : 고려원. 1991
- 이병렬. 「에레쯔 이스라엘」. 서울 : 요단출판사 1991
- 이병주. 「대통령들의 초상」. 서울 : 주식회사 서당. 1991
- 이승만 저. 서정민 주해. 「한국교회 핍박」. 서울 : 청미디어. 2008
- 이승만 저. 이수웅 역. 「이승만 한시선」. 대전 : 배재대학교 출판부. 2007
- 이승만 저. 정인섭 역. 「이승만의 전시 중립론 - 미국의 영향을 받은 중립」. 서울 : 나남출판사. 2000
- 이승만 지음. 김충만 김효선 풀어씀. 「독립정신」. 서울 : 동서문화사. 2010
- 이승만. 「일본, 그 가면의 실체」. 서울 : 청미디어. 2007
- 이영훈. 「대한민국 이야기」. 서울 : 기파랑. 2007
- 이원순. 「인간 이승만」. 서울 : 신태양사. 1995
- 이인호, 김영호, 강규형 편. 「대한민국 건국의 재인식」. 서울 : 기파랑. 2009
- 이정식. 「이승만의 구한말 개혁운동」. 서울 : 배재학교 출판부. 2005.
- 이정식. 「대한민국의 기원」. 서울 : 일조각. 2006
- 이주영. 「우남 이승만 그는 누구인가?」. 서울 : 배재학당 총동문회. 2009
- 이한우. 「우남 이승만, 대한민국을 세우다」. 서울 : 해냄 출판사. 2008
- 이현희. 「대한민국 부통령 인촌 김성수 연구」. 서울 : 나남 출판사. 2009
- 인보길 편. 「이승만 다시보기」. 서울 : 기파랑. 2011
- 장하준. 「사다리 걷어차기」. 서울 : 부키. 2002
- 정진석. 「역사와 언론인」. 서울 : 커뮤니케이션북스. 2001
- 조갑제. 「공산주의를 허문 8인의 결단」. 서울 : 조갑제닷컴. 2009
- 조갑제닷컴 편집실. 「안철수, 박원순의 정체」. 서울 : 조갑제닷컴. 2011
- 차상철. 「한미동맹 50년」. 서울 : 생각의 나무. 2004
- 최영희. 「격동의 해방 3년」. 춘천 : 한림대 아시아 문화 연구소. 1996
- 한국 현대사 학회 현대사 교양서팀 저. 「대한민국을 만들다」. 서울 : 기파랑. 2012

- 로버트 올리버(Robert Oliver) 지음. 박일영 옮김. 「이승만 없었다면 대한민국 없다」. 서울 : 동서문화사. 2008
- 로버트 올리버(Robert Oliver) 지음. 황정일 옮김, 「이승만 - 신화에 가린 인물」. 서울 : 건국대학교 출판부. 2002
- 에릭 홉스봄 저. 이용우 역. 「극단의 시대」. 서울 : 도서출판 까치. 2006
- 이사벨라 버드 비숍 저. 이인화 역. 「한국과 그 이웃 나라들」. 서울 : 도서출판 살림. 1994
- 제임스 브래들리 저. 송정애 역 . 「임페리얼 크루즈」. 서울 : 프리뷰. 2010
- 프란체스카 도너 리 저. 조혜자 역. 「이승만 대통령의 건강」. 서울 : 도서출판 촛불. 2006
- 프란체스카 도너 리 저. 조혜자 역. 「6·25와 이승만」. 서울 : 기파랑. 2004
- 하우즈만 저. 정일화 역. 「한국 대통령을 움직인 미국 대위」. 서울 : 한국문원. 1995
- 후베르투스 크나베 저. 김주일 역. 「슈타지 문서의 비밀 - 서독 총리실을 점령하라」. 서울 : 월간조선사. 2004

2. 도서외 자료

- 김일주. "농지 개혁은 대통령 이승만의 작품이었다" <조선일보> 2012. 5. 21
- 김준길. "역사학자 柳永益 교수의 필생사업— 李承晚 연구 이야기" <월간조선> 2002년 3월호.
- 김태익. "히라바야시씨의 훈장" <조선일보> 2012. 6. 5
- 문갑식. "백두산艦은 증언한다" <조선일보> 2011. 9. 8
- 손세일. "이승만과 김구(8)" <월간조선> 2003년 3월호
- 유마디, 김형원 "임수경 의원한테 '변절자' 폭언 들은 대학생 백요셉" <조선일보> 2012. 6. 5
- 이주영. "이승만과 기독교" <미래한국> 2005. 4. 14
- 조갑제. "巨惡 스탈린과 공산당을 조롱한 李承晚의 대연설" <조갑제닷컴> 2011. 7. 25
- 조갑제. "미 대통령 면전에서 '저런 고얀 사람'…" <뉴데일리> 2009. 8. 15
- 조갑제. "自由民, 특히 한국인을 살린 '트루먼 독트린' 이야기" <조갑제닷컴> 2010. 3. 16

3. 강연

- 유영익 강연. "이승만과 건국" 2008. 4. 28
- 송복 강연. "일류의 논리", 2007. 8. 25
- 이주영 강연. "한국 현대사 이야기" 2011. 10. 24

4. 영상 자료

- KBS 대한민국을 움직인 사람들 - 초대 대통령 이승만 ① 개화와 독립
- KBS 대한민국을 움직인 사람들 - 초대 대통령 이승만 ② 건국과 분단
- KBS 대한민국을 움직인 사람들 - 초대 대통령 이승만 ③ 6·25와 4·19
- KBS 한국사전 : 이승만 2부작
- KBS 한국 지성사 : 제2부 모색을 시작하다
- MBC 이제는 말할 수 있다 : 이승만을 제거하라 - 에버레디 플랜

부록

이승만 관련 애국 설교모음

2012년 대선, 어떻게 볼 것인가?

열왕기하 6.15-17

하나님의 사람의 사환이 일찍이 일어나서 나가보니 군사와 말과 병거가 성읍을 에워쌌는지라 그의 사환이 엘리사에게 말하되 아아, 내 주여 우리가 어찌하리이까 하니

대답하되 두려워하지 말라 우리와 함께 한 자가 그들과 함께 한 자보다 많으니라 하고

기도하여 이르되 여호와여 원하건대 그의 눈을 열어서 보게 하옵소서 하니 여호와께서 그 청년의 눈을 여시매 그가 보니 불말과 불병거가 산에 가득하여 엘리사를 둘렀더라

1882년 서양 국가에서는 최초로 미국이 조선과 국교를 맺었습니다. 그때부터 조선 최고의 엘리트들이 외교관이 되어 미국을 방문했습니다. 그들을 맞이한 미국 측의 기록을 읽어보면, 정말 낯이 뜨거워집니다.

명색이 명문가 출신의 인재들인데, 미국인들은 한결같이 너무 더럽다는 기록을 남겼습니다. "오래 씻지 않아서 냄새가 난다.", 심지어 "조선 외교관들을 만날 때마다 이가 튀어서 이를 잡느라고 정신이 없었다"는 내용도 있습니다. 한편으론 이해도 됩니다. 그 시절에 샤워기가 있었겠어요, 목욕탕이 있었겠어요?

그 무렵에 조선의 요직을 두루 거친 인물이 전권 대사로 미국에 파견되었습니다. 그가 극장에 갔습니다. 난생 처음 보는 동양인이 한국식 옷을 입고 나타났으니, 미국인들이 호기심 어린 눈길로 쳐다 보았겠지요. 그들이 나누었던 대화의 기록이 있습니다. 편의상 A와 B로 소개합니다.

미국인 A : 저건 어느 나라 사람이야? 코리아라고? 코리아란 나라가 있었나, 그거 중국의 속국 아니야. 그 돼지 같은 열등 민족이 우리 미국에 전권 공사를 파견한다는 건 외람된 일 아니야?

미국인 B : 돼지는 좀 지나친 말인데…

미국인 A : 지나치긴 왜? 돼지는 불결하기는 해도 그 고기는 인간의 식용(食用)이 되고 그 뼈와 털은 장식품으로 쓰이지. 분뇨는 비료로도 쓸 수 있어. 하지만 조선인은 인간이기 때문에 그 고기는 먹을 수도 없고 그 뼈와 털을 이용할 수도 없어. 그 무지몽매한 점을 볼 때 인간으로서 하등이고 불결함은 돼지에 뒤지지 않지.

미국인들은 조선 공사가 영어를 못 알아듣는 줄 알았습니다. 못 알아 듣는 줄 알고 거리낌없이 얘기한 거지요. 그러나 불행히도 그는 똑똑히 알아 들었습니다. 그리고 엄청난 충격을 받습니다. '미국처럼 강하고 부유한 나라는 우리를 돼지로 보는구나...' 동시에 그는 의문을 품었습니다. '정말 조선이 그처럼 열등한가?'

그때부터 그는 세계의 열등 민족들을 탐구합니다. 미국에서 제일 못산다는 인디언 마을도 가보고 남미의 멕시코도 가고 동양의 가난한 나라 인도에도 갑니다. 뒤처진 나라 사람들이 어떻게 사는지를 관찰합니다.

그러면서 그는 또 한번 충격을 받습니다. 미국에서 제일 못살고 제일 미개하다는 인디언 마을에 가봐도, 조선보다 깨끗합니다. 인도가 가난하다고 하지만, 어쨌든 거대한 나라이고 조선보다 나았습니다. 멕시코의 원주민 부락을 찾아가도 조선처럼 헐벗고 굶주리지는 않았습니다.

세계의 열등 민족을 탐구한 끝에, 그는 결국 비통한 결론을 내립니다. '미국 사람들 말이 맞다. 조선인이 제일 못났다...' 그는 민족의 장래에 대해서 진지하게 고뇌합니다. '이처럼 열등한 민족이 어떻게 살아남을 수 있을까?'

방법이 하나 있습니다. 일본과 합쳐지는 것입니다. 서양은 조선을 아예 "열등한 돼지"로 취급합니다. 그나마 일본은 "열등한 사람"으로 취급합니다. 그래도 돼지가 아니라 사람으로 살아가려면, 일본에 나라를 바치는 수밖에 없습니다. 그는 자신의 실력과 정치력을 발휘해서 한일합방에 앞장섭니다. 그의 뛰어난 수완으로 조선은 순조롭게 일본과 합병됩니다. 그의 이름은 이완용입니다.

이완용이 혼자서 잘먹고 잘 살려고 나라를 팔아먹은 것만은 아닙니다. 그 사람 나름대로 치열하고 처절한 고민이 있었습니다. 세계 여러 나라를 돌아다니면서 탐구하고 고뇌했습니다.

그래서 이완용에 대한 책 가운데 "애국과 매국의 두 얼굴"이라는 제목이 붙은 것도 있습니다. 그에게서 애국적인 얼굴도 엿볼 수가 있기 때문입니다. 하지만 그의 결론은 매국이었고, 그는 운명은 매국노였습니다.

열왕기하 6장은 절체절명의 위기와 그 위기를 바라보는 시선(視線)의 이야기입니다. 시리아왕이 예언자에게 강력한 군대를 보냅니다. 엘리사 선지자와 그의 시종 게하시는 꼼짝없이 포위당했지요. 게하시의 눈에 비친 위기의 장면, **열왕기하 6장 15절 상반절**입니다. "하나님의 사람의 사환이 일찍이 일어나서 나가보니 군사와 말과 병거가 성읍을 에워쌌는지라."

군사와 말과 병거가 물샐틈없이 예언자의 성읍을 에워싸고 있습니다. 이 장면을 두 눈으로 똑똑히 보았습니다. 죽을 수밖에 없는 위험을 보았으니, 죽을 것 같은 소리가 나오지요. **6장 15절 하반절**입니다. "그의 사환이 엘리사에게 말하되 아아, 내 주여 우리가 어찌하리이까"

눈으로 보지도 않고 본 것처럼 말하는 사람들도 많습니다. 그들에 비하면 이완용과 게하시는 괜찮은 사람들입니다. 적어도 그들은 두 눈으로 똑똑히 보았습니다. 눈으로 본 것을 정확하게 말했습니다. 이완용은 조선이 제일 못났다고 말했고, 게하시는 이제 꼼짝없이 죽게 되었다고 말했습니다.

사랑하는 여러분, 그들의 말이 틀렸나요? 그들이 거짓말을 지어냈습니까? 아닙니다. 그들은 그 상황에 있었고 상황을 파악했고 목격한 대로 증언했습니다. 그렇다면 무엇이 문제였을까요? 이완용과 게하시에게 무엇이 잘못되었을까요?

그들은 그저 육신의 눈으로만 보았습니다. 인간의 입으로만 말했습니다. 그런데 세상에는 육신의 눈과 인간의 입을 뛰어넘는, 영적인 세계가 있습니다.

이완용과 똑같은 시대를 살았던 또 다른 인물이 있습니다. 1904년 그가 배를 타고 미국에 가는 길에 일본의 시모노세키와 고베에 들렀습니다. 그 시절에 배를 타고 외국에 나갈만큼 출세한 선각자들은 많지 않았지요.

그들은 대개 조선의 항구와 일본의 항구를 비교하는 글을 남겼습니다. 여러 사람이 남긴 기록이 거의 비슷합니다. 일본은 저렇게 발전하고 깨끗하고 좋은데, 조선은 너무 더럽고 불편하고 찌질하다는 내용이지요.

이분도 역시 일본이 훨씬 좋다는 이야기를 똑같이 했습니다. 그런데 결론은 색다르게 내렸습니다. "이는 토지 인물이 남만 못한 것이 아니요, 다만 기풍을 열어주지 못한 연고라."

조선 땅이 일본 땅보다 못하지 않습니다. 조선인이 일본인보다 열등하지도 않습니다. 다만 국민들이 탁월한 잠재성을 발휘할 수 있는 기풍이 없고 기회가 주어지지 않았을 뿐입니다. 일본을 돌아보고 나서도 이런 기록을 남겼습니다. "우리 대한 삼천리 금수 강산을 우리 손으로 이렇게 꾸며놓았으며 첩첩이 절승함이 어찌 이에 비하리오."

일본인들이 자기네 땅을 아무리 예쁘게 꾸며놓아도 아름다운 우리나라에 비할 바가 못됩니다. 삼천리 금수강산과는 비교가 안됩니다.

이분이 미국에서도 숱한 발언을 남겼습니다. 그 당시에 일본은 세계 3위의 군사 강국이었습니다. 조선은 약소국 중의 약소국으로 연명하다가 멸망해버렸습니다. 그런데 그는 조선이 일본보다 우수하다고 말합니다.

"현재 미국의 정치인들은 조선이 일본과 싸워도 성공하지 못할 것이며 따라서 조선의 희망은 영원히 사라진 것이라고 말한다. 그러나 이것은 피상적인 관찰에 지나지 않는다.
우리나라의 역사와 지리적 특징과 민족적 특성을 연구해본다면 조선은 일본보다 훨씬 뛰어난 데가 있다. 우리나라는 4천년 이상 민족의 특성과 완전한 독립을 보존해왔으며 결코 지구에서 말살되지 않을 것이다."

나라가 이미 없어졌습니다. 지도를 펼쳐보아도 코리아란 이름은 없습니다. 그런데 이미 없어져버린 나라가 절대로 없어지지 않을 거라고 당당하게 외쳤습니다. 이런 무지막지한 자신감을 가졌던 분의 이름은 이승만입니다. 제가 이승만을 읽고 연구하고 가르치면서, 늘 감동을 받는 것은, 그분은 항상 긍정이었습니다. 나라가 망하고 백성들이 뿔뿔히 흩어지고 민족의 앞날에 도저히 희망이 보이지 않을 때도 그분은 할 수 있다고 외쳤습니다.

그러면 이승만의 이 자부심과 긍정적인 정신은 도대체 어디에서 솟아날 것일까요? 그칠줄 모르는 자부심의 원천은 아이러니 하게도 멸망해가는 조선의 야만적인 밑바닥, 한성감옥입니다.

젊은 이승만은 한성 감옥의 사형수였습니다. 임금을 몰아내서라도 나라의 멸망을 막아야 한다는 신념에 혁명을 꿈꾸다가 체포당했습니다. 역적으로 몰려서 고문을 당하고 온몸이 으스러졌습니다. 망신창이가 되어서 언제 죽을 지 모르는 비참한 신세였습니다.

그 밑바닥에서 비로소 이승만이 예수를 믿습니다. 조선인 양반 가운데는 최초로 기독교인이 되지요. 목에는 무게 10킬로그램의 칼을 쓰고 손에는 수갑을 차고 발목에는 족쇄에 묶인 채로, 이승만이 날마다 성경을 읽습니다. 성경 전체를 다 외우다시피 합니다.

하나님의 말씀 66권 중에서 이승만이 제일 사랑했던 구절이 **마태복음 9장 12절**입니다. "예수께서 들으시고 이르시되 건강한 자에게는 의원이 쓸데 없고 병든 자에게라야 쓸데 있느니라."

감옥에서 이승만은 이 말씀을 묵상하고 묵상하고 또 묵상합니다. 하나님의 말씀이 그의 가슴에 파고들고 골수에 새겨집니다. 말씀이 그의 피가 되고 살이 되고 사상(思想)이 되고 소리가 됩니다. 훗날 이승만이 전 세계를 누비면서 이 말씀을 증거합니다.

"코리아라는 아름다운 여인이 있었습니다. 그 여인이 너무 아름다워서 주변의 거친 사내들이 가만히 놔두지를 않아요. 러시아와 중국과 일본이라는 사나운 남정네들이 이 여인을 서로 차지하려고 괴롭힙니다. 그 와중에 코리아가 정신을 못차리고 이 남자에게 갔다가, 저 남자에게 붙었다가 하다가 아주 신세를 망치게 되었습니다.

그러나 저는 코리아라는 아름다운 여인의 슬픈 운명으로 인하여 오히려 하나님께 감사드립니다. 극심한 고난 속에서 병들고 지친 코리아가 비로소 위대한 의사이신 예수님께 무릎을 꿇었기 때문입니다."

이승만은 눈에 보이는 현실 너머의 영적인 세계를 보았습니다. 눈에 보이는 코리아는 너무나 무능하고 너무나 비참해서 아주 밑바닥에 떨어졌습니다. 하지만 그 바닥에서 예수님을 만나고 예수님의 손을 붙잡으면 다시 솟구쳐 오를 것을 그는 믿었습니다.

그래서 이승만은 끊임없이 외쳤습니다. "대한 사람의 새 물줄기는 예수교라. 오직 예수교에만 활력이 있나니, 예수를 믿는 자는 새로운 생명력이 넘침이라, 오직 예수교로만 개혁하는 힘이 생기노라. 세상 친구가 하나도 없어도 예수가 친구이면 친구가 제일 많은 사람이라."

그 당시 세계의 밑바닥이 조선이었다면 최정상은 영국이었습니다. 해가 지지 않는 나라, 대영제국의 전성기였습니다. 그런데 이승만이 1904년에 쓴 글에서 이렇게 말합니다. **"코리아가 예수만 믿으면 영국보다 더 발전할 수 있다."**

누가 들어도 헛소리이고 미친 소리입니다. 코리아는 식민지 중에서도 작은 곳입니다. 영국은 전 세계의 사분지 일을 식민지로 만든 제국입니다. 식민지 중에서도 보잘 것 없는 코리아가 식민지를 제일 많이 가진 대영제국을 어떻게 이기겠어요?

한국이 겨우겨우 식민지 신세를 면하고 독립했을 때, 무역 규모가 영국의 334분의 1에 불과했습니다. 그러니 한국이 영국을 이긴다는 게 말이 안됩니다. 그런데 2011년에 한국의 무역 규모가 영국을 능가했습니다. 1948년에 영국의 334분의 1이었던 대한민국 무역 규모가 63년만에 334배를 따라잡았습니다. 110년 전에 한성 감옥에서 외쳤던 이승만의 예언이 현실 속에서 이루어지고 있습니다.

이완용과 이승만은 모두 한 시대를 이끌어갔던 선각자들이었습니다. 강대국이 약소국을 마음대로 집어삼키는 약육강식의 시대에 어떻게 민족을 살릴 것인지를 깊이있게 고뇌했던 지도자들이었습니다. 그러나 두 사람의 시선은 정반대 방향을 바라보았습니다.

한 사람은 빛을 보았고 다른 사람은 어둠을 보았습니다. 한 사람은 절망을 보았고 다른 사람은 희망을 보았습니다. 한 사람은 긍정을 보았고 다른 사람은 부정을 보았습니다. 시선의 차이가 결국 운명을 결정했습니다. 이승만은 애국자가 되었고 이완용은 매국노가 되었습니다.

사랑하는 여러분, 상황은 똑같았습니다. 그런데 이완용이 본 것과 이승만의 본 것은 정반대였습니다. 성경이 그 이야기를 합니다. 똑같은 위기에서 게하시와 엘리사는 서로 다른 것을 봅니다. 시리아의 군대를 보고 두려워하는 게하시에게 엘리사는 말합니다. **열왕기하 6장 16절**입니다. "대답하되 두려워하지 말라 우리와 함께 한 자가 그들과 함께 한 자보다 많으니라."

엘리사의 눈에는 시리아의 군대보다 더 많은 하나님의 군대가 보였습니다. 하나님을 향하여 눈을 뜬 자가 다른 사람을 눈 뜨게 합니다. 계속해서 **17절**입니다. "기도하여 이르되 여호와여 원하건대 그의 눈을 열어서 보게 하옵소서 하니 여호와께서 그 청년의 눈을 여시매 그가 보니 불말과 불병거가 산에 가득하여 엘리사를 둘렀더라."

그 당시의 전쟁에서 말과 병거를 당할 자가 없습니다. 시리아의 말과 병거는 질풍같이 진격해서 세상을 휩쓸어버렸습니다. 그러나 그것은 어디까지나 사람이 탄 말과 사람이 만든 병거였지요. 그런데 하나님의 군대는 불말과 불병거였습니다. 불말과 불병거가 세상에 가득 했습니다.

아무리 강력한 군대라도 순식간에 통째로 불살라버릴 수 있는 불말과 불병거가 하나님의 사람을 지키고 있었습니다. 하나님이 보내신 불말과 불병거가 하나님의 백성들이 겪고 있는 고난의 한복판에 진치고 있었습니다. 이것이 눈에 보이는 현실 배후에서 존재하는 눈에 보이지 않는 영적인 세계이지요.

구약 시대의 엘리사는 불말과 불병거를 보았습니다. 조선 말기에 이승만은 기독교와 성경이라는 불말과 불병거를 보았습니다. 그래서 외적에게 침략당한 현실 속에서도 결코 절망하지 않았습니다. 사랑하는 여러분, 우리 시대에도 살아계신 하나님이 불말과 불병거를 보내셔서 이 나라를 지키고 계신 줄로 믿습니다.

그렇다면, 우리 시대에 불말은 도대체 어디에 있을까요? 불병거를 어디에서 볼 수 있습니까? 이것이 우리 모두의 과제입니다. 영적인 눈을 뜨고 세상을 보아야 합니다. 하나님의 시선으로 샅샅이 살펴야 합니다. 어딘가에 있는 불말과 불병거를 찾아내야 합니다.

그리고 하나님의 군대를 보지 못하는 국민들을 위해서 기도해야 합니다. 엘리사가 기도할 때 게하시의 눈이 떠졌습니다. 마찬가지로 국가 기도자들이 기도할 때, 대한민국 국민들의 영적인 눈이 떠질 줄로 믿습니다.

그렇다면 다시 한번 질문합니다. 불말과 불병거는 어디에 있습니까? 저는 한국 현대사를 연구할 때마다, 사람의 발자국 배후에 있는, 하나님이 보내신 불병거의 바퀴 자국을 발견합니다. 그럴 때마다 온 몸이 전율하는 감동이 느껴지지요.

제가 발견한 불말과 불병거에 저는 천하대세(天下大勢)라는 이름을 붙이고 싶습니다.

한가지 예를 들지요, 북한과 종북(從北) 세력의 오랜 꿈은 지하당(地下黨) 건설이었습니다. 대한민국에 공산주의 정당을 건설하는 것이 그들의 한 맺힌 숙원이었습니다. 그 꿈이 드디어 이루어졌습니다. 1980년대 말에, 전국적인 지하 정당이 조직되었습니다.

사회주의 정당이라는 이름을 내걸었지만 사회주의자, 공산주의자, 주체사상파가 망라된 혁명 조직이었습니다. 감시당하고 투옥당하고 고문당했던 혁명가들이 감격의 눈물을 흘렸습니다. 이제 대한민국의 적화(赤化)를 향한 역사의 카운트 다운이 시작되었습니다.

그런데 지하당 조직을 완료한 바로 그 시점에, 천하대세가 요동을 칩니다. 1989년 공산주의 종주국 소련이 무너져버립니다. 세계에서 제일 큰 나라가 지도에서 아예 없어져버린 것입니다. 그리고 남아있는 공산주의 대국 중국에서는 민주화를 요구하는 시위대를 탱크로 깔아뭉갠 천안문 사태가 일어났습니다.

그 당시 대한민국은 적화 세력을 막지 못했습니다. 정부 관계자들조차도 전국 규모의 지하당 조직이 세워진 사실도 모르고 있었습니다. 그런데 천하대세가 종북 세력이 아니라 대한민국 편이 되었습니다.

혁명가들이 공장에서 의식화 교육을 시키고 나면 노동자들이 이렇게 질문합니다. "소련이 망했는데, 왜 우리가 사회주의를 해야 하지요? 뉴스에서 보니까 중국 공산당이 사람들을 탱크로 깔아뭉개든데요? 그런데 왜 공산주의가 좋다고 하지요?"

천하대세가 국민들에게 반공 교육을 시켜주었습니다. 텔레비전을 틀면 공산주의가 사람을 탱크로 짓밟았고 무너졌다는 사실이 보도되었습니다.

그러니 사회주의, 공산주의, 종북 혁명가들이 설 자리가 없어졌습니다. 그때 그들이 대거 전향합니다. 하지만 일부는 전향을 거부합니다.

그 무렵, 감옥에 있던 운동권 리더에게 선배가 찾아갔습니다. 보통 선배들이 면회를 가면 의식화 교재들을 넣어줍니다. 그런데 노동 운동의 대부였던 선배가 자신이 의식화시킨 후배에게 앨빈 토플러의 책을 주었습니다. 그러면서 이렇게 말했습니다. "이제 세상이 바뀌었어. 자본주의를 타도할 것이 아니라 배워야 돼."

자신을 운동권의 길로 이끌어준 선배가 자본주의를 옹호하는 소리를 하니, 사회주의자였던 후배가 얼마나 황당했을까요? 깊은 배신감을 느꼈다고 합니다. 그때 전향한 선배와 전향을 거부한 후배가 모두 현직 정치인으로 활동하고 있습니다.

대한민국은 누가봐도 공산화될 수밖에 없는 나라였습니다. 역사의 고비고비마다 몇 번이고 공산화될 위기가 있었습니다. 대한민국의 힘으로는 공산화를 막을 수 없었지요. 그런데 그때마다 이상하게도 천하대세가 공산화를 막는 쪽으로 움직였습니다. 저는 이것이 하나님이 보내신 불말과 불병거의 역사라고 믿습니다.

서슬이 퍼런 군인 출신 대통령 시절에도 지하당 건설을 막지 못했습니다. 요즘처럼 안보 의식이 약해진 다음에는 오죽하겠습니까? 애국 인사들 가운데도 대한민국이 스스로의 힘으로 종북을 제거하기는 불가능하다고 말하는 사람들이 많습니다.

그런데 작년 말에 천하대세가 또 한번 출렁였습니다. 종북의 괴수 김정일이 죽었지요. 김정일이 어떤 사람입니까? 450만 주민이 굶어죽어도 눈

하나 깜짝하지 않았습니다. 국민 450만이 굶어서 죽었는데 본인은 한 끼에 오천만원이 넘는 음식을 먹었지요. 그러면서 국민의 숫자가 적으면 통치하기가 쉽다고 말했습니다.

그 정도로 지독한 인물이 지금 살아있다고 생각해봅시다. 아웅산 테러, 대한항공 테러, 김포 공항 테러, 천안함, 연평도 사건을 일으킨 테러 전문가가 살아서 막대한 자금을 풀어가면서 종북을 지원한다고 가정해봅시다. 이번 대통령 선거가 얼마나 어렵겠습니까? 다행히 종북의 괴수가 죽어버렸습니다. 그 자리에는 스물 일곱 살의 김정은이 위태위태하게 앉아있습니다. 대한민국을 위해서 얼마나 다행인지 모릅니다.

누가봐도 중국과 러시아는 당연히 북한 편이었습니다. 그런데 이것도 조금씩 흔들리고 있습니다. 중국에서 몇 달 전에 한국 주도의 자유 통일이 중국의 이익에 부합된다는 주장이 엘리트들 사이에서 공식적으로 제기되었습니다. 이번 주에 러시아에서 역시 한국이 주도하는 통일이 러시아에게도 좋다는 전문가들의 의견이 있었습니다.

한국은 지금 정신 못차리고 있습니다. 6·15 선언이니 10·4 선언이니, 연방제 통일이니 말도 안되는 소리를 하고 있지요. 그런데 우리는 종북 하나 해결 못하고 오히려 종북에게 끌려다니는데, 천하대세가 대한민국 편으로 움직이고 있습니다.

물론 중국과 러시아의 움직임이 아주 일부이기는 합니다. 하지만 동양의 현자(賢者)인 공자가 멋있는 말씀을 남기셨지요. "오동잎 하나가 떨어지는 것을 보고 천하에 가을이 온 것을 안다."

중국과 러시아에서 작은 오동잎 하나가 떨어졌습니다. 이제 멀지않아

온 천하가 대한민국 주도의 자유 통일이라는 역사의 장엄한 가을빛으로 물들게 될 줄로 믿습니다.

  사랑하는 여러분, 하나님이 보내신 불말과 불병거는 여전히 활동하고 있습니다. 문제는 우리가 눈을 뜨는 것입니다. 국가 기도자들이 영의 눈을 뜨고 어두운 현실 속에서 영적인 빛을 찾아내는 것입니다. 그 빛을 우리 국민들에게 나누어주는 것입니다.
  게하시의 눈으로 볼 때, 이번 선거는 참 어렵습니다. 종북 집권을 과연 막을 수 있을지, 의심스럽습니다. 이완용의 눈으로 보면 절망적입니다. 왜곡된 역사를 배우고 잘못된 교육을 받은 세대들이 앞으로도 몇 년 동안 투표장으로 대거 몰려나오게 됩니다.
  그러나 이승만의 눈으로 보면, 아직도 희망이 있습니다. 이 위기가 있어서 정신 못차리던 우리 민족이 오히려 하나님께 무릎꿇을 수 있다면, 오히려 감사한 기회입니다. 엘리사의 눈으로 보면 승리는 우리의 것입니다.

  하나님이 부리신 불말과 불병거가 한반도를 가득 채울 것입니다. 그 옛날 시리아의 군대를 무력화시킨 하나님의 군대가 종북을 섬멸할 것입니다. 하나님의 영으로 가득 찬 예수의 군대가 북한을 해방시키고 자유 통일을 이룰 것입니다.
  마침내 김일성과 주체 사상의 우상은 무너질 것입니다. 마침내 종북은 척결될 것입니다. 마침내 대한민국은 선교 한국과 예수 한국을 이루는 칠천만 겨레의 통일 조국이 될 것입니다.

이 중요한 시기에 국가 기도자로 부름받은 것은 글자 그대로 가문의 영광입니다. 이 위대한 역사의 전환기에 하나님의 불말을 타고 하나님의 불병거를 몰고 하나님의 나라를 위하여 진격하는 기도의 군대가 되시기를 주님의 이름으로 축원합니다.

불타는 가시 덤불, 그 영원한 상징

출애굽기 3.1-5

모세가 그의 장인 미디안 제사장 이드로의 양 떼를 치더니 그 떼를 광야 서쪽으로 인도하여 하나님의 산 호렙에 이르매
여호와의 사자가 떨기나무 가운데로부터 나오는 불꽃 안에서 그에게 나타나시니라 그가 보니 떨기나무에 불이 붙었으나 그 떨기나무가 사라지지 아니하는지라
이에 모세가 이르되 내가 돌이켜 가서 이 큰 광경을 보리라 떨기나무가 어찌하여 타지 아니하는고 하니 그 때에
여호와께서 그가 보려고 돌이켜 오는 것을 보신지라 하나님이 떨기나무 가운데서 그를 불러 이르시되 모세야 모세야 하시매 그가 이르되 내가 여기 있나이다
하나님이 이르시되 이리로 가까이 오지 말라 네가 선 곳은 거룩한 땅이니 네 발에서 신을 벗으라

오늘의 본문 출애굽기 3장 3절에 "이 큰 광경"이라는 표현이 나옵니다. 새번역 성경에는 "이 놀라운 광경"이라고 번역되어 있습니다. 아주 엄청나고 대단하고 신기한 장면이 눈 앞에 펼쳐졌다는 뜻이지요. 도대체 무슨 장면이기에, 성경이 이처럼 강조할까요? 가시 떨기에 불이 붙은 장면입니다.

그것은 별로 대단해보이지 않습니다. 광야에서는 흔하디 흔한 광경이었지요. 광야의 곳곳에 스네라고 불리우는 가시 떨기 혹은 가시 덤불이 있습니다. 스네는 뿌리가 약해서 바람이 불면 갈대처럼 흔들립니다. 메마른 지역에서 스네들이 흔들리면서 서로 마찰이 되면 불이 나기도 하지요.

가시 덤불에 불이 붙은 광경은 어디서나 볼 수 있는 평범한 일상입니다. 그런데 출애굽기 3장 3절에서 이 모습을 가리켜 큰 광경이요 놀라운 광경이라고 말합니다. 도대체 뭐가 놀랍다는 말일까요? 2절을 봅시다. "**떨기나무에 불이 붙었으나 그 떨기나무가 사라지지 아니하는지라.**"

스네에 불이 붙으면 순식간에 타버립니다. 마치 지푸라기에 불이 붙은 것처럼 금방 없어집니다. 그런데 스네에 불이 붙었는데, 스네가 타서 없어지지 않았습니다. 바로 그것이 신기하고 놀랍습니다. 그래서 모세가 불이 붙어도 없어지지 않는 신비한 스네를 자세히 보려고 가까이 다가갔습니다.

바로 그때, 하나님이 그에게 나타나십니다. 불타는 가시 덤불을 통해서 하나님이 모세를 부르십니다. 그 부르심을 통해서 출애굽 사건이 일어납니다. 출애굽이 있었기 때문에 이스라엘이라는 하나님의 선택받은 민족이 탄생합니다.

다시 한번 정리해봅시다. 스네가 있었고 그 스네를 본 모세가 있었고,

모세의 영도 하에 출애굽이 일어났고 출애굽으로 이스라엘이 탄생했습니다. 그러므로 선민 이스라엘이 역사의 지평에 등장하는 결정적인 순간에, 불타는 가시 덤불이 있었습니다.

원로 구약학자이신 장일선 박사의 저서 중에 "생명나무와 가시덤불"이라는 책이 있습니다. 단순히 출애굽 사건만 설명한 책이 아닙니다. 구약 전체를 소개한 책인데, 제목이 "생명나무와 가시덤불"입니다.

구약 성경 39권의 수많은 이야기들 중에서 가장 인상적이고 결정적이고 중요한 사건을 단 두 장의 사진으로 보여주면, 그중의 한 장이 불타는 가시 덤불이라는 구약 학자의 통찰입니다.

그것은 모세가 목격했던 바로 이 장면이 얼마나 중요한가를 증거합니다. 불이 붙었지만, 타버리지 않았던 시내의 그림은 구약 성경 전체를 관통하는 상징입니다. 불타는 가시 덤불은 이스라엘 민족의 역사와 하나님이 택하신 백성의 마음을 타고 면면히 흘러내려온 강렬한 상징입니다.

그렇다면, 이 중요하고도 위대한 장면의 의미는 무엇일까요? 불은 가장 강한 것입니다. 세상에 불을 이길 수 있는 것은 없습니다. 아무리 화려하게 지은 집도 불길에 휩싸이면 폐허가 되지요. 아무리 찬란하게 쌓아올린 문명도 작은 불꽃에 의해서 잿더미로 변할 수 있습니다.
아무리 건강하고 잘생기고 예쁜 생물도 불길을 통과하게 하면, 끔찍한 몰골로 변형됩니다. 그 불길은 고대 세계 최강의 제국이었던 이집트를 가리킵니다. 불길을 막을 자가 없습니다. 마찬가지로 이집트의 힘을 당할

자가 없었지요.

불이 가장 강한 것이라면, 스네는 가장 약한 것입니다. 스네는 아무짝에도 쓸모가 없습니다. 손에 힘을 주면 뚝 하고 부러집니다. 너무 쉽게 부러지기 때문에 목재로 쓸 수 없습니다. 가시만 잔뜩 나있어서 보기에도 좋지 않습니다. 너무 순식간에 불타 없어지기 때문에 땔감으로도 부적절합니다.

스네는 이스라엘 백성을 가리킵니다. 그들은 사람이 아니라 가축으로 취급받았습니다. 물건처럼 팔리던 신세였습니다. 그들은 채찍질과 중노동에 시달리는 노예들이었습니다.

가장 약한 스네에 가장 강한 불이 붙었습니다. 마찬가지로 가장 비참한 이스라엘 백성이 가장 강력한 이집트의 핍박을 받았습니다. 그런데 신기한 것은 불이 붙었는데도, 스네가 없어지지 않았습니다. 불이 활활 타오르는데도 스네는 여전히 건재했습니다.

마찬가지로 가장 강한 이집트가 가장 약한 이스라엘을 이기지 못합니다. 왜냐하면 하나님이 이스라엘을 지켜주셨기 때문입니다. 그래서 성경은 "이 놀라운 광경"이라고 말합니다. 이 장면이 놀라운 이유는 놀라우신 하나님이 개입하셨기 때문입니다.

하나님이 지켜주시면, 가장 강한 불길도 가장 약한 스네를 없애지 못합니다. 하나님이 스네와 같은 이스라엘과 함께 하시면, 세상을 지배하는 이집트도 이스라엘을 없애지 못합니다. 불타는 가시 덤불은 아무리 약한 자라도 하나님이 지켜주시면 제일 강한 것보다 더 강하다는 상징입니다.

불타는 가시 덤불은 하나님의 시청각 교육입니다. 하나님이 어떤 분이

신지를 뚜렷한 그림으로 보여줍니다. 그 하나님에 대해서 모세는 말합니다. **출애굽기 5장 3절**을 새번역 성경으로 읽어봅시다. "**히브리 사람의 하나님이 우리에게 나타나셨습니다.**"

하나님은 어떤 분이실까요? 그림으로 나타내면 불타는 가시덤불의 하나님입니다. 언어로 표현하면 그분은 히브리인의 하나님이십니다. 그러면 도대체 히브리인은 어떤 사람들일까요?

이 단어는 성경에도 나오고 성경과 비슷한 시대에 쓰여진 역사책들에도 나옵니다. 오늘날의 이스라엘, 레바논, 요르단, 이집트, 시리아, 이라크 등지에서 기록된 고대의 기록에 심심치 않게 히브리라는 단어가 나오지요.

이 말은 수많은 의미로 사용됩니다. 고향을 떠난 나그네, 광야를 헤매는 방랑자, 적군에게 잡힌 포로, 가진 것이 하나도 없는 사람, 무식한 가난뱅이, 노예, 먹을 것이 없는 사람, 멸시당하고 차별받는 인생 등등입니다.

여러분, 제가 소개한 여러 가지 정의 가운데 좋은 내용이 있습니까? "히브리"라는 단어가 다양한 역사책과 종교 서적에 수도 없이 나오는데, 그 뜻은 한결같이 안 좋습니다. 재산도 없고 지식도 없고 힘도 없고 고향도 없고 가족도 없는 사람들이지요.

한마디로 밑바닥 인생들입니다. 못 사는 사람들이고 못 배운 사람들이고 못난 사람들입니다. 꽃에 비유하자면, 아름다운 장미꽃이나 향기로운 백합화가 아니라 광야에 버려진 가시 떨기와 같은 사람들입니다. 그런데 성경의 하나님은 바로 그들의 하나님이십니다.

여러분의 자녀가 공부를 아주 잘해서 상을 받았다고 가정해봅시다. 시상식에 참석하라는 통보를 받으면 부모의 마음이 얼마나 자랑스럽겠어요?

제가 아는 집사님은 아들이 일등을 했을 때, 일부러 아파트의 엘리베이터 앞에 서 있었다고 합니다. 이웃집 사람들이 내리면 우연히 만난 척 하면서 얘기하다가 은근슬쩍 아들 자랑하고 싶어서 기다렸다고 합니다. 자식이 잘되는 것처럼 좋은 일이 없습니다.

반대로 여러분의 자녀가 공부도 못하고 사고를 쳐서 경찰서에 잡혀갔다고 가정해봅시다. 부모의 마음이 얼마나 부끄럽고 화가 나겠어요? 부모 노릇을 해도 기왕이면 잘난 자식의 부모가 되는 편이 좋습니다.

그런데 말씀으로 천지를 지으신 하나님, 전지하시고 전능하신 하나님이, 하나님 노릇을 하시는데 무슨 하나님이시냐면 히브리인의 하나님이십니다. 엘리트의 하나님이 아니고 밑바닥의 하나님이십니다. 선택받은 자들의 하나님이 아니고 버림받은 자들의 하나님이십니다.

다시 세상의 부모와 비교해봅시다. 만약 부모들에게 선택권이 있다면, 엘리트의 부모가 될까요 아니면 밑바닥 인생의 부모가 될까요? 건강한 아이의 부모가 될까요 아니면 아프고 병든 아이의 부모가 될까요? 물론 자녀가 아프고 부족하다고 부모가 내치지 않습니다. 연약한 모습대로 받아들이고 사랑하는 것이 부모의 마음입니다.

하지만 만약에 선택을 할 수 있다면, 아픈 아이의 부모가 되고 싶은 사람은 없을 것입니다. 만약에 선택할 수 있는 능력이 주어진다면, 누구나 똑똑하고 건강하고 성공한 자녀의 부모가 되고 싶어합니다.

세상의 부모에게는 선택권이 없지만, 하늘의 아버지에게는 선택권이 있습니다. 하나님이 어떤 민족이든 선택하실 수 있으십니다. 그런데 하나님은 그 선택권을 너무나 이상하게 사용하셨어요. 잘난 민족도 많고 똑똑한

민족도 많고 크고 강한 제국을 이룬 민족도 많습니다. 그런데 하나님은 그중에서 제일 약하고 제일 못난 민족을 택하셨습니다.

민족이라고 이름붙이기도 민망합니다. 아예 사람 축에도 들지 못하는 히브리 노예들이었습니다. 그런데 하나님은 그들을 자신의 백성으로 선택하셨습니다. 하나님이 그들의 편이 되셨고 그들을 위해서 싸우셨습니다.

하나님은 왜 히브리 민족을 선택하셨을까요? 신명기 7장 6절과 7절입니다. "너는 여호와 네 하나님의 성민이라 네 하나님 여호와께서 지상 만민 중에서 너를 자기 기업의 백성으로 택하셨나니

여호와께서 너희를 기뻐하시고 너희를 택하심은 너희가 다른 민족보다 수효가 많은 연고가 아니라 너희는 모든 민족 중에 가장 적으니라."

여기에 "**지상 만민 중에서**"라는 말이 나옵니다. 글자 그대로 지상에 만민(萬民)이 있습니다. 수많은 종족들이 있습니다. 그중에서 가장 적은 민족을 하나님이 자기 기업의 백성으로 선택하셨습니다. 히브리 민족을 선민으로 부르셨습니다.

계속해서 **신명기 7장 8절**을 봅시다. "**여호와께서 다만 너희를 사랑하심을 인하여**, 또는 너희 열조에게 하신 맹세를 지키려 하심을 인하여 자기의 권능의 손으로 너희를 인도하여 내시되 너희를 그 종 되었던 집에서 애굽 왕 바로의 손에서 속량하셨나니"

왜 하나님이 이스라엘을 선택하셨을까요? 성경은 말합니다. "**다만 너희를 사랑하심을 인하여**" 작고 보잘 것 없는 이스라엘을 하나님이 사랑하셨습니다. 그들의 조상으로 일평생 광야를 떠도는 나그네였던 아브라함, 이삭, 야곱과 한 약속을 지키셨습니다. 그래서 세상을 온통 불태운 강대국

애굽의 불길에서 스네와 같은 이스라엘을 구원하셨습니다.

　사랑하는 여러분, **다만 너희를 사랑하심을 인하여**, 이 한마디에 하나님의 선택과 부르심의 비밀이 있습니다. 다만 너희를 사랑하심을 인하여, 팔레스타인에서 근동의 성민 이스라엘을 부르신 하나님이 동양에서 동방의 성민 코리아를 부르신 줄로 믿습니다.

　1337년 고려의 충신으로 원나라에서 벼슬을 하던 이곡 선생이 황제에게 상소를 올렸습니다. 제목을 우리말로 번역하면 **"황제시여, 제발 고려에서 어린 소녀들을 빼앗아오지 마십시오"**입니다.
　그 당시에 중국과 우리 나라 사이에 공녀 제도라는 것이 있었지요. 해마다 고려가 원나라에 여자를 바치는 제도입니다. 유부녀도 바쳤고 처녀도 바쳤고 심지어 아직 어린 소녀들도 바쳤습니다. 여인을 바쳐가면서 명맥을 이어온 우리의 슬픈 역사입니다.
　중국으로 끌려간 고려의 여인들 가운데는 황실에서 황제의 아들을 낳고 크게 출세한 경우도 있었습니다. 국사 시간에 배웠던 기황후가 대표적인 경우이지요. 하지만 그런 케이스는 극소수입니다. 대부분의 고려 여인들은 불행하고 고통스러운 세월을 보냈습니다. 그 비극을 멈추어 달라고 고려의 충신이 원나라 황제에게 보낸 상소문입니다.

"고려의 풍속을 보면 차라리 아들을 별거하게 할지언정 딸은 내보내지 않습니다. 그래서 부모를 봉양하는 일은 전적으로 딸이 주관하고 있기 때문에, 딸을 낳으면 애정을 쏟고 근실히 돌보면서 얼른 자라나 자기들을 봉양해주기를 밤낮으로 바라 마지 않는 것입니다.

그런데 하루 아침에 그 딸을 품 안에서 빼앗아 사천리 밖으로 내보내고는, 그 발이 한번 문밖으로 나간 뒤에는 종신토록 돌아오지 못하게 하고 있으니, 그 심정이 과연 어떠하겠습니까?

어린 소녀가 일단 선발이 되면 부모와 친척이 서로 모여 통곡하면서 울기 때문에 밤낮으로 울음 소리가 끊이지 않으며, 급기야 국경에서 떠나보낼 적에는 옷자락을 부여잡고 땅에 엎어지기도 하고 길을 막고서 울부짖기도 합니다.

심지어는 비통하고 분개한 심정에 우물에 몸을 던져 죽기도 하고, 목을 매어 자결하는 자도 나오며, 근심과 걱정에 혼절하여 쓰러지는 자도 있고, 피눈물을 쏟다가 눈이 멀기도 하는데, 이와 같은 일이 이루 헤아릴 수가 없을 정도입니다.

당당한 원나라 황실에서 후궁이 뭐가 그리 부족하기에 굳이 외국에서 데려온단 말입니까?"

저는 개인적으로 이 상소문이 우리 역사 오천년 최고의 문장이라고 평가합니다. 단순히 문장력이 뛰어나기 때문만은 아닙니다. 우리가 겪어야 했던 고통스런 역사가 그대로 담겨있습니다. 우리가 직면하고 싶지 않아서 외면했던 민족적 수치가 있는 그대로 묘사되어 있습니다.

동시에 약소국의 신하로서 목숨을 걸고 민족을 살리기 위해서 강대국의 황제에게 직언을 한 용기있는 문장입니다. 이 상소문이 황제의 마음을 움직입니다. 그래서 1337년에 공식적으로 공녀 제도가 폐지됩니다.

제가 최고의 문장이라고 평가하는 이유는 무엇보다도, 수많은 가정의 비극을 멈추게 하고 수많은 여인들의 생명을 살린 글이기 때문입니다. 글로써 사람을 살릴 수 있다면, 그것은 가장 가치있는 글입니다.

고려의 공녀 제도는 폐지되었지만, 그렇다고 이 나라 여인들의 수난사가 중단된 것은 아닙니다. 이곡 선생의 상소문으로 공녀 제도가 폐지된 것이 1337년입니다. 정확하게 300년 후인 1637년에 병자호란이 끝이 났습니다. 조선 백성 30만에서 50만이 청나라로 끌려갔습니다. 대부분의 포로들은 여자들이었지요.

그녀들은 만주 벌판에서 노예로 팔려다니면서 말도 못할 고통을 겪었습니다. 남편의 애정을 차지한 조선 여자가 보기 싫어서 만주족 여인이 끓는 물을 얼굴에 부어버렸다는 기록도 있을 정도입니다. 그 중에 적은 숫자가 훗날 고향으로 돌아옵니다.

그녀들을 기다리고 있었던 것은 또 하나의 가혹한 시련이었습니다. 이때 고향에 돌아온 여인들을 '환향녀'(還鄕女)라고 불렀습니다. 오늘날 환향녀와 유사한 발음으로 좋지 않은 단어가 남아 있습니다. 단어 하나만 보아도 이들이 얼마나 수모를 겪었는지 알 수 있지요.

오랑캐에게 팔려가서 가문의 명예를 더럽혔다는 이유로, 조선의 양반들이 자살을 강요합니다. 실제로 구사일생으로 돌아온 여인들이 서울에 들어오기 전에 홍제천에서 수도 없이 목숨을 끊습니다. 조선의 역사서 〈연려실기술〉의 기록입니다.

"우한의 딸은 목매어 죽었다. 그 동생도 같이 죽었다. 심지담의 어머니와 아내, 첩과 자식이 모두 죽었다. 이돈오의 아내는 시어머니, 동서와 같이 스스로 목을 찔렀다. 정선홍의 아내가 살려달라 하니 빨리 죽는 것이 옳다고 하였다. 물에 떨어져 죽은 자들이 얼마나 되는 지 알 수 없었다. 머리 수건이 물 위에 떠있는 것이 마치 연못물에 떠있는 낙엽이 바람에 바람을 따라 떠다니는 것 같았다."

강물에 낙엽이 떨어지는 것처럼, 자살한 여인들의 머리 수건이 홍제천을 떠다녔습니다. 우리나라 근대사 교육이 잘못되었다는 말을 흔히 듣습니다. 저의 소견으로, 근대사 만이 아니라 고대사 교육에도 문제가 많습니다. 수난의 역사를 사실 그대로 가르쳐야 합니다.

나라가 힘이 없을 때 제일 고통스러운 사람들은 여자와 아이들입니다. 우리가 살아남기 위해서 얼마나 많은 여자들을 바쳐야했는지, 이 땅에서 태어난 여자들이 얼마나 고통스럽게 짓밟혀야 했는지를 제대로 가르쳐야 합니다.

중국과 러시아와 일본이 우리에게 무슨 짓을 했는지를 제대로 배우고 나면, 젊은이들이 미국을 보는 시각이 달라질 것입니다. 과거 이 나라에 쳐들어왔던 외국 군대들과 지금 한국 땅에 와 있는 주한 미군을 비교해보면, 미군은 양반 중의 양반입니다.

물론 주한 미군들이 범죄도 저지르고 교통 사고도 냅니다. 그래도 우리를 지배했던 어느 나라의 군대와 비교해보아도, 미군이 제일 신사라는 것은 부인할 수 없는 사실이지요.

역사 교육이 이렇게 중요합니다. 우리의 수난사를 있는 그대로 배워야 대한민국이 제대로 보입니다. 건국 대통령 이승만이 왜 중국 러시아 일본이 아니라 미국과 손을 잡으려고 그렇게 애를 썼는지도 알게 됩니다. 왜 한미 동맹이 지금도 중요한 지 알게 됩니다. 왜 미군이 교통 사고를 낸 것 가지고 촛불 들고 광화문 광장에 모이는 행동이 어리석은 짓인지를 깨닫게 됩니다.

제가 고려와 조선의 역사를 말씀드렸습니다. 역사라는 것은 정말 무섭습니다. 왜 무서운가 하면, 특별한 일이 없는 한 과거의 역사는 반복됩니다. 특단의 조치를 취하지 않는 한, 과거의 역사는 현재가 됩니다. 기적이 일어나지 않는 한 역사는 계속해서 되풀이 됩니다.

우리 민족이 오천년을 먹을 게 없어서 굶어 죽어갔습니다. 오늘날은 그런 일이 없을까요? 지금도 휴전선 이북에는 굶어죽은 시체가 널려있습니다. 그런 일이 갑자기 생긴 것이 아닙니다. 원래 우리 민족은 그렇게 가난하게 살아왔습니다.

지금도 만주 벌판에는 탈북 여성들이 피눈물을 삼키며 팔려 다닙니다. 그것도 요즘에 생긴 일이 아닙니다. 원래 중국 땅에서 고구려, 고려, 조선의 여인들이 끌려 다녔습니다.

그런데 그토록 오랫동안 우리가 겪어야 했던 처참한 비극이 한반도의 남쪽에서는 중단되었습니다. 오천년 굶어죽었는데 대한민국은 적어도 굶어죽지는 않습니다. 강대국에게 여자를 갖다 바치던 굴욕에서도 대한민국은 벗어났습니다.

비극을 중단시키고 번영을 이루어낸 것이 대한민국의 역사입니다. 인류 역사상 가장 빠른 경제 성장이 일어났습니다. 20세기의 신생 국가들 가운데 유일하게 민주화에 성공했습니다.

어떻게 가장 밑바닥에서 최정상까지 치고 올라가는 역사의 기적이 가능했을까요? 한 인생이 역전을 하기도 어려운데, 어떻게 한 나라가 놀라운 역전을 이루었을까요? 아무리 생각해보아도, 아무리 연구해보아도, 아무리 책을 읽고 통계를 들여다보고, 그건 사람이 한 일이 아닙니다.

꼭 믿음의 눈으로 보지 않아도, 객관적인 시각으로 자료를 정리하다보면, 보이지 않는 손길이 이 민족을 붙들고 있었음을 발견하게 됩니다. 대한민국의 위대한 역사, 그 배후에는 하나님의 선택이 있는 줄로 믿습니다.

불타는 가시 덤불에 나타나신 하나님이 우리 민족 수난의 현장에 나타나셨습니다. 이스라엘을 선민으로 부르신 하나님이 한민족을 동방의 성민으로 부르셨습니다. 파라오의 하나님이 아니요 압제자의 하나님도 아니며 노예와 밑바닥 인생들의 하나님이신 히브리인의 하나님이, 고난의 세월을 이어온 한민족의 하나님이 되셨습니다.

가장 약한 이스라엘을 선택하셔서 열방의 빛이 되게 하신 하나님이, 거대한 나라도 아니고 강한 나라도 아니요 오히려 강대국 틈바구니에서 당하고 또 당했던 우리 민족을 선교의 빛으로 선택하셨습니다.

그 하나님을 먼저 믿었던 분들이 있었습니다. 오천년 이 민족을 지배해왔던 우상을 버리고 전지전능하신 하나님께로 돌아오기만 하면, 조선은 살아날 수 있다고 외쳤던 선각자들이 있었습니다. 조선 말기에 혁명을 꿈꾸다가 감옥에 갇혀서 모진 고문을 당했던 애국자들이었습니다.

그중에 처음 예수를 믿은 이가 이승만입니다. 이승만의 전도로 월남 이상재, 임시 정부 요인 이동녕, 헤이그 밀사 이준 등 혁혁한 인재들이 기독교인이 되었습니다. 그들이 감옥에서 쓴 글은 언제 읽어도 감동입니다.

이상재는 말합니다. "걷잡을 수 없는 나라의 비운이 드디어 창상(滄桑)의 변 - 나라가 몰락할 임박에 처했음 - 까지 몰아왔음을 몸소 겪으면서 그래도 낙심하지 않고 나라 구원의 길을 찾아보려는 일념(一念)이 기독교의 믿음을 갖게 한 것이며 또 나라의 장래를 기약하기 위해서는 낡은 세대를 제쳐놓고 젊은 세대를 길러야 되겠다는 또 하나의 믿음으로 발돋움하게 되었던 것이다."

이승만의 말입니다. "우리들 생각에는 기독교가 자유의 종교라는 것은 의심의 여지가 없었다. 성경은 진리를 가르치고 있으며 그리고 '진리가 너희를 자유롭게 하리라'고 믿었다. 같이 있었던 사람들 모두가 우리 국민들의 갱생(更生)을 위해 기독교 교육을 전파하는데 전력을 기울이자고 결의했다."

나라의 비운을 면하려면, 국민들이 갱생하려면, 기독교 밖에 없고 성경 밖에 없고 하나님 밖에 없다고 그들은 믿었습니다. 백성들에게 기독교를 증거하는 데 일생을 바치기로 결심했고 실제로 생애를 드렸습니다. 이 나라 건국의 아버지들의 헌신을 받으셔서 하나님이 대한민국을 축복하신 줄로 믿습니다.

사랑하는 여러분, 이번 대통령 선거는 정치적인 문제인 동시에 영적인 문제입니다. 영적인 문제의 핵심에는 하나님의 부르심과 선택이 있습니다. 하나님이 대한민국을 선택하셨고 부르셨고 축복하셨습니다.

과연 그 하나님의 선택을 이어가는 민족이 될 것인가, 하나님의 선택에 순종하는 거룩한 대한민국이 될 것인가, 하나님의 선택으로 세워진 이승만의 건국 이념을 따라서 자유 통일을 이루어낼 것인가를 이번 선거에서 결정해야 합니다.

　반대로 하나님을 버리고 바알과 아세라를 따라갈 것인가, 음란과 동성애로 가득 찬 소돔과 고모라의 길을 걸을 것인가, 김일성 주체 사상이 한반도의 남쪽마저도 지배하도록 허용할 것인가를 우리는 결정해야 합니다.

　하나님이 민족을 선택하십니다. 그리고 개인을 선택하십니다. 하나님은 나라를 부르십니다. 그리고 개인을 부르십니다. 하나님이 한국을 선택하셨고 또 저와 여러분을 선택하셨습니다. 하나님이 코리아를 동방의 성민으로 부르셨고 또 저와 여러분을 국가 기도자로 부르셨습니다.

　거듭 말씀드리지만, 이 중요한 순간에 나라를 위해 기도할 수 있음은 가문의 영광입니다. 우리가 죽어서 무덤가에 비석을 세우면 "국가 기도자 아무개, 여기에 잠들다."라고 새길만한 광영입니다. 하나님이 선택하신 나라의 중대한 전환기에 저와 여러분이 기도자의 사명을 받았습니다.

　세상이 잠들어있는 이 밤에도 국가 기도자의 혼으로 깨어서 불타는 가시덤불, 그 영원한 상징으로 나타나신 하나님, 히브리인의 하나님, 그리고 한국인의 하나님께 목놓아 부르짖는 저와 여러분이 되기를 주님의 이름으로 축원합니다.

누가 전쟁에서 이기는가?

열왕기상 18.41-46

엘리야가 아합에게 이르되 올라가서 먹고 마시소서 큰 비 소리가 있나이다

아합이 먹고 마시러 올라가니라 엘리야가 갈멜 산 꼭대기로 올라가서 땅에 꿇어 엎드려 그의 얼굴을 무릎 사이에 넣고

그의 사환에게 이르되 올라가 바다쪽을 바라보라 그가 올라가 바라보고 말하되 아무것도 없나이다 이르되 일곱 번까지 다시 가라

일곱 번째 이르러서는 그가 말하되 바다에서 사람의 손 만한 작은 구름이 일어나나이다 이르되 올라가 아합에게 말하기를 비에 막히지 아니하도록 마차를 갖추고 내려가소서 하라 하니라

조금 후에 구름과 바람이 일어나서 하늘이 캄캄해지며 큰 비가 내리는지라 아합이 마차를 타고 이스르엘로 가니

여호와의 능력이 엘리야에게 임하매 그가 허리를 동이고 이스르엘로 들어가는 곳까지 아합 앞에서 달려갔더라

우리 현대사에 가장 빛나는 이름이면서, 동시에 가장 가슴 아픈 이름은 김구(金九)입니다. 위대한 독립 투사였지만, 동시에 대한민국 건국을 반대한 인물입니다. 이승만이 건국을 위해서 목숨을 걸고 투쟁하던 1947년 12월 1일 김구는 다음과 같은 성명서를 발표했습니다. "이승만 박사가 주장하는 정부는 결국에 내가 주장하는 정부와 같은 것이다. 그런데 세상 사람들이 그것을 오해하고 단독 정부라고 하는 것은 유감이다."

분명히 이승만 편에서 우리나라 건국을 지지한다는 말이지요. 그런데 불과 20여일 만에 김구는 말을 바꿉니다. 1947년 12월 22일의 연설입니다. "나는 이승만 박사의 정부 수립 노선을 지지하지 않겠다."

한달이 지난 1948년 1월 25일, 김구는 또다시 말을 바꿉니다. "유엔 감시 하에 수립되는 정부가 중앙 정부라면, 38선 이남에 한하여 실시되는 선거라도 참가할 용의가 있다." 정부 수립을 위해서 이승만 박사가 추진하는 총선거에 참여하겠다는 말입니다.

그 다음날 하루만에 김구의 주장은 또다시 뒤집힙니다. 1948년 1월 26일의 말입니다. "미군과 소련군이 철수하지 않고 있는 남북의 현재 상태로서는 자유스러운 분위기를 가질 수 없으므로, 두 나라 군대가 철수한 후 총선거를 해서 통일 정부를 구성해야 한다."

이처럼 갈팡질팡하던 김구는 결국 북으로 갑니다. 이승만의 반대를 뿌리치고 김일성이 주최한 남북조선 정당 사회 단체 대표자 연석회의에 참석하지요. 그곳에서 김구는 56개 좌파 단체와 함께 성명서를 발표합니다. 그 내용은 미군 철수, 대한민국 건국 반대입니다.

김구의 반대를 무릅쓰고 이승만은 건국을 주도합니다. 마침내 1948년

8월 15일 대한민국 건국이 선포됩니다. 우리의 건국을 승인받기 위해서 정부는 프랑스의 파리에서 열리는 유엔 총회에 대표단을 파견합니다.

이때 김구는 대한민국 승인을 막기 위한 대표단 파견을 추진합니다. 하지만 출발 직전에 김구가 파견하려던 대표단의 단장이었던 김규식 선생이 단장을 맡을 수 없다고 해서 김구의 방해는 실패합니다.

김구는 일평생 일관되게 애국의 길을 걸어왔습니다. 그런데 마지막에는 왔다갔다 하면서 김일성에게 이용당했습니다. 왜 그랬을까요? 제일 널리 알려진 견해는 북한에서 보낸 두 사람의 간첩, 서영해와 성시백에게 포섭당했다는 것입니다.

김구의 추종자였던 조경한의 증언입니다. "김구는 처음에는 남한만의 단독 선거를 받아들일 생각이었습니다. 그러나 서영해가 나타나 '남북한을 통틀어 총선거를 하면 선생님이 대통령이 되실텐데 무엇하러 이승만이 주도하는 남한만의 선거에 참가하려고 하십니까? 김일성도 김구 선생을 대통령으로 모시려고 만반의 준비를 갖추고 있습니다' 라고 집요하게 설득하는 바람에 변심하게 되었습니다."

1997년 5월 26일자 **북한의 〈노동신문〉**은 비슷하면서도 조금 다르게 말합니다. "성시백 동지는 남북 연석 회의를 성과적으로 보장하기 위하여 위대한 수령님의 높으신 권위를 가지고 극단한 반동 분자로 있던 김구 선생을 돌려세우는 사업체에도 큰 힘을 넣었다."

두 주장을 종합하면, 서영해 혹은 성시백의 공작으로 김구가 북한 편에 섰다는 결론이 됩니다. 그런데 이 문제에 대해서 김구가 직접 증언한 내용이 있습니다. 1948년 7월 11일, 자유 중국 외교관 유어만이 비밀리에 김구를 찾아갑니다.

유어만은 김구의 아들의 친구였습니다. 어려서부터 김구의 집에 자주 드나들며 친밀하게 지냈지요. 그는 김구에게 인간적으로 접근합니다. "당신은 내게 아버지와 같고 나는 당신의 아들과 같습니다. 나에게 솔직히 이야기해주십시오. 왜 대한민국 정부 수립을 반대하십니까?"

김구가 유어만에게 자신의 속마음을 털어놓았습니다. "내가 평양에서 열린 회담에 갔던 동기의 하나는 북한에서 일어나는 사실을 보려고 한 것이다. 공산주의자들이 앞으로 3년간 조선인 붉은 군대의 확장을 중지하고, 그 사이에 남한이 전력을 다한다고 해도 공산군의 현재 병력만한 군대를 만들기는 거의 불가능하다. 러시아인들은 손쉽게 남쪽을 기습할 것이며, 당장 남한에 인민 공화국이 선포될 것이다."

유어만이 김구와 회담한 내용을 요약해서 이승만에게 보고했습니다. 그 서류가 현재 이승만의 유품을 보관하고 있는 이화장에 그대로 보존되어 있습니다.

김구의 주장은 한마디로 대세론(大勢論)입니다. 북쪽은 강력한 정부와 군대를 보유하고 있습니다. 세계에서 제일 큰 나라 소련이 배후에서 지원하고 있습니다. 그들은 언제라도 쳐들어올 수 있습니다. 반대로 남쪽은 아무런 준비도 안되어 있습니다. 지금부터 있는 힘을 다해 군대를 만들어도 공산군을 당해낼 수 없지요.

전쟁이 터지면, 당장에 인민 공화국, 다시 말해 공산정권이 수립될 것입니다. 그러니, 굳이 대한민국이라는 나라를 세울 필요가 없습니다. 나라를 세워봤자, 곧바로 전쟁이 나서 망할 것입니다. 한반도가 공산화되는 것이 대세라면, 그대로 따라가는 수밖에 없습니다.

김구가 대세론자였다면, 이승만은 반대세론이었습니다. 김구가 대세를 인정했다면, 이승만은 대세를 거슬러 마침내 새로운 대세를 만들어냈습니다. 당시의 대세는 좌우합작(左右合作)이었지요. 전 세계가 좌우합작의 물결에 휩쓸리고 있었습니다. 이승만은 좌우합작의 거센 파도를 홀로 맞아가면서 반공을 부르짖었습니다.

이승만은 좌우합작을 추진하던 미국에게도 상당한 골칫거리였습니다. 해방 후 3년간 이 나라를 통치했던 **군정 책임자 하지 중장**은 말했습니다. "이승만 박사는 한국 정치가들 중에서 너무나 위대한 인물이며 나는 그가 유일한 인물이라고까지 말합니다. 그러나 그가 공산주의에 대한 공격을 멈추지 않는 한, 그는 한국 정부 내에서 어떤 자리도 차지하지 못합니다."

미국에게 가장 가혹한 탄압을 받은 정치인이 이승만이었습니다. 미군은 이승만을 감금해버렸습니다. 그에게 배달되는 모든 편지를 검열하고 하루 24시간 철저히 감시했습니다. 심지어 미군 장교들은 이승만 앞에서 권총을 흔들면서 말 안들으면 쏴버리겠다고 협박하기도 했지요. 이런 이승만을 미국의 앞잡이라고 매도하니, 터무니없는 역사 왜곡입니다.

세계 언론 역시 이승만에게 적대적이었습니다. 극우, 반동주의자, 과격분자, 수구 꼴통이라고 비난을 퍼부었습니다. 그의 신변도 위험했습니다. 돈화문 근처에서 권총 사격을 받았습니다. 부엌에 설치된 폭탄이 폭발 직전에 발견되었습니다. 천만다행으로 살아난 것이지요. 이승만이 거주하던 돈암장의 경비 경찰이 공산당 간첩이라는 사실이 밝혀지기도 했습니다.

총을 쏘고 폭탄이 설치되니, 집 주인이 불안해합니다. 이승만에게 집을 빼달라고 요청했습니다. 일국의 최고 지도자가 그나마 세들어 살던 집에서 쫓겨난 것이지요. 겨우겨우 구한 집이 형편없습니다. 문짝이 떨어지고 수돗물이 나오지 않습니다. 이승만과 프란체스카 여사가 물지게로 매일 물을 날라야 했습니다.

이런 고생을 하면서도 이승만은 끝까지 포기하지 않았습니다. 끝까지 반공(反共)이었습니다. 그것은 누가봐도 안되는 싸움이었지요. 이승만이 가망 없는 싸움을 고집스럽게 계속하고 있던 바로 그때, 세계 대세가 요동을 칩니다. 본래는 전 세계가 좌우합작이었지요. 그런데 좌우합작으로 출발한 나라들에서 공통적으로 이상한 일들이 일어납니다.

우파의 주요 인사들이 의문의 교통 사고를 당합니다. 갑자기 납치당하고 돌아와서는 우파가 좌파로 돌변합니다. 신기하게도 어느 나라 정부에서나 비슷한 일이 일어나지요. 결국 좌우합작 정부가 좌파 연립 정부가 됩니다.

진보 계열, 사회주의 계열, 공산주의 계열이 섞여있는 좌파 연립 정부에서도 똑같은 일이 반복됩니다. 진보주의자나 사회주의자들이 차츰 차츰 사라집니다. 마침내는 공산당만 남게 됩니다.

좌우 합작으로 시작되어서 좌파 연립을 거쳐서 결국에는 소련의 후원을 받는 공산당 일당 독재로 갑니다. 유럽과 아시아에서 무려 40여개 나라가 똑같은 과정을 거쳤습니다.

북한의 경우도 마찬가지입니다. 처음에는 민족주의자이자 기독교인이었던 조만식 선생을 앞에 내세웠지요. 그런데 갑자기 조만식 선생은 흔적도 없이 사라져 버렸습니다. 그 다음에는 국내파 공산주의자 박헌영도 숙청당합니다. 마지막까지 남은 인물은 소련군 장교 출신 김일성이었습니다.

전 세계가 붉게 물들고 나서야, 비로소 미국이 정신을 차립니다. 1947년 3월 12일 드디어 트루먼 독트린이 발표됩니다. 좌우합작 정책을 폐기하고 공산주의와 싸우겠다는 정책이지요. 트루먼 독트린으로 30년을 공산주의와 싸워왔던 이승만 노선은 마침내 세계의 대세가 됩니다.

이승만을 지독하게 싫어했던 미국은 결국 이승만의 길을 따라갑니다. 미국이 대한민국의 건국을 지원합니다. 그리고 6·25 전쟁이 터졌을 때, 150만 대군을 보내서 한국의 공산화를 저지합니다.

그러면 이승만은 어떻게 전 세계에 맞서서 홀로 반공주의자가 되었을까요? 이승만 연구가들이 한결같은 결론을 내립니다. **손세일, 조갑제, 김길자**가 똑같이 말합니다. **"이승만이 공산주의의 정체를 꿰뚫어본 것은 그가 철저한 기독교인이었기 때문이다."**

그냥 기독교인이 아니라 철저한 기독교인이었습니다. 성경에 정통했기 때문에 공산주의 이단에 넘어가지 않았습니다. 진실을 알리고 기도하면서 싸워서 이겨본 경험이 늘 있었기에 공산주의와도 싸워서 이길 수 있다고 믿었습니다. 그리고 끝까지 싸웠습니다.

김구 선생은 위대한 독립지사요 애국자였습니다. 동시에 평생을 반공주의자로 보냈습니다. 그러나 마지막에 그는 싸움을 포기했습니다. 한반도가 공산화되는 것이 어쩔 수 없는 대세라면, 순응할 수밖에 없다고 보았습니다.

똑같은 독립 지사요 애국자요 반공주의자였는데, 이승만은 끝까지 싸움을 포기하지 않았습니다. 거대한 대세에 맞서서 온 몸을 던져가면서 마지막까지 투쟁했습니다. 끝까지 싸웠던 이승만이 건국 대통령이 됨으로써, 한국은 유라시아의 거대한 대륙에서 공산화되지 않은 유일하고 위대한 국가가 되었습니다.

사랑하는 여러분, 이승만에게서 우리는 승리의 조건을 배울 수 있습니다. 누가 이길까요? 철저한 기독교 정신으로 싸우는 자가 이깁니다. 어떻게 이길까요? 끝까지 싸워서 이깁니다.

아합이 이스라엘을 통치하던 시대의 대세는 바알 숭배였습니다. 주변의 대부분의 나라들이 바알을 숭배합니다. 이스라엘의 아합왕과 이세벨 왕비 역시 열렬한 바알 숭배자들이었지요. 세계의 대세도 바알이고 이스라엘의 대세도 바알입니다.

그 당시 이스라엘은 나름대로 번창하고 있었습니다. 아합왕이 속했던 오므리 왕조는 영토를 확장하는데 성공합니다. 바알 숭배 국가들과 활발하게 교류하면서 문화를 다양화시킵니다. 경제적으로도 풍요와 번영을 누렸습니다.

배부르고 등 따시고 외국에서 재미있고 신기한 것들이 많이 들어옵니다. 그러니 바알 숭배가 꼭 나쁜 것만은 아니라고 느끼는 백성들이 점점 많아집니다.

바로 그때, 대세를 거슬러 단기필마로 싸울 사나이가 등장합니다. 그가 바로 예언자 엘리야입니다. 엘리야가 목숨을 걸고 진검 승부를 선언합니다. 우상 숭배하는 자들은 모두 모여서 한판 붙어보자고 외칩니다. 엘리야에 맞서서 모인 우상 종교의 제사장들이 무려 850명입니다. 850대 1의 고독하고도 위대한 전투가 갈멜산에서 벌어집니다.

갈멜산의 대결은 야훼 종교와 우상 숭배의 정면 승부였습니다. 갈멜산의 대결은 어느 신이 과연 참된 신인가를 가려내는 신들의 전쟁이었습니다. 갈멜산의 대결은 하늘에서 불이 떨어지는 것으로 결판을 내는 영적 전쟁이었습니다. 그것은 기도로 진행되었습니다.

우상 숭배자들은 하루 종일 부르짖습니다. 몸을 칼로 그어가면서 몸부림치며 기도했습니다. 그러나 그들의 신은 응답하지 않았습니다. 홀로 남은 엘리야가 하늘을 우러러 기도합니다.

열왕기상 18장 36절과 37절입니다. "아브라함과 이삭과 이스라엘의 하나님 여호와여 주께서 이스라엘 중에서 하나님이신 것과 내가 주의 종인 것과 내가 주의 말씀대로 이 모든 일을 행하는 것을 오늘 알게 하옵소서 **여호와여 내게 응답하옵소서 내게 응답하옵소서** 이 백성에게 주 여호와는 하나님이신 것과 주는 그들의 마음을 되돌이키심을 알게 하옵소서"

이 기도가 응답이 되어서 하늘에서 불이 떨어집니다. 누가 참된 신이고 누가 거짓 신인지가 불로써 판별됩니다. 엘리야에게서 우리는 승리의 공식을 또 다시 발견합니다. 하나님의 말씀을 따라 성서적인 신앙으로 싸울 때, 승리는 가능한 줄로 믿습니다.

갈멜 대첩을 승리로 이끌고 엘리야는 또 다시 전쟁에 뛰어듭니다. 이번에는 기도로 비를 내리는 전쟁입니다. 이스라엘에는 삼년 동안이나 비가 내리지 않았습니다. 삼년 동안 하늘이 닫혀 있었습니다.

엘리야는 그 하늘을 열고 비를 내리기 위해서 기도를 시작합니다. **열왕기상 18장 42절**은 기도하는 예언자를 이렇게 묘사합니다.

"엘리야가 갈멜 산 꼭대기로 올라가서 땅에 꿇어 엎드려 그의 얼굴을 무릎 사이에 넣고"

무릎을 꿇어 엎드려 얼굴을 무릎 사이에 넣었습니다. 무릎 사이에 얼굴을 집어넣으면 바닥에 닿습니다. 얼굴이 땅바닥에 닿도록 납작 엎드린 모습입니다. 더 이상 낮아질 수 없을 만큼 낮아진 자세입니다. 더 이상 간절할 수 없을 만큼 간절한 자세입니다.

성경은 무릎 사이에 얼굴을 파묻은 엘리야가 일곱 번 기도했다고 말합니다. 성경에서 7은 완전을 뜻하지요. 그리고 7은 하나님을 의미합니다. 하나님이 천지 창조를 완성하시고 일곱째날 안식하셨습니다. 일곱 번 기도했다는 것은 더 이상 기도할 수 없을 만큼 충분하게 기도했다는 뜻입니다. 기도의 분량을 완전히 채웠다는 뜻입니다.

하나님의 보좌에 상달되어 하나님의 마음이 움직이고 하나님이 응답하실 만큼 기도했다는 뜻입니다. 다시 말해서 엘리야는 끝까지 기도했습니다. 그의 기도가 마침내 응답됩니다.

삼년 동안이나 굳게 닫혀있던 하늘의 문이 기도로 열립니다. 삼년을 잠가 놓았던 하늘의 빗장이 기도로 풀립니다. 삼년을 메말랐던 이스라엘의 대지 위에 폭포수처럼 큰 비가 쏟아집니다.

오늘 우리 역사 이야기와 성경 이야기를 나누었습니다. 두 이야기의 패턴이 유사하지요? 좌우합작의 대세를 거스르며 기독교 신앙으로 끝까지 싸웠던 이승만이 마침내 승리했습니다. 바알 숭배의 대세를 거부하고 하나님의 말씀을 따라 끝까지 기도했던 엘리야가 마침내 승리했습니다.

건국의 이야기와 성경의 이야기는 곧 우리의 이야기이기도 합니다. 동성애가 합법화되는 것이 세계적인 추세입니다. 프랑스에서는 동성 부부는 물론 동성 부모도 합법화되었습니다. 따라서 아빠 엄마가 아이를 키우는 게 아니고 아빠와 아빠, 엄마와 엄마가 키울 수도 있습니다.

그래서 프랑스의 모든 공식 문서에는 '아버지', '어머니'라는 말이 사라졌습니다. 아빠만 둘인 집도 있고 엄마만 둘인 집도 있는데, 아버지 어머니라고 표현하면 차별이 될 수 있다는 것이지요. 결국 인류가 수천년간 사용해 온 단어 중에서 가장 아름답고 소중하고 위대한, 아버지와 어머니라는 말을 더 이상 쓰지 않는, 끔찍한 세상이 되었습니다.

미국에서는 학교에서 동성애를 가르칩니다. 학교에서 기독교를 전파하는 것은 불법이지만, 동성애를 권유하는 것은 합법인 지역들도 있습니다.

소위 선진국이라는 나라에서 동성애 합법화를 막지 못했습니다. 그러니 한국에서도 동성애가 합법화되는 것은 시간 문제인 것처럼 보였습니다. 자칭 진보론자라고 하는 사대주의자들이 시대를 앞서가는 양 호들갑을 떨며 서양 흉내를 냈습니다.

그러나 우리는 끝까지 포기하지 않았습니다. 끝까지 싸웠습니다. 마침내 동성애 차별 금지법의 통과를 저지했습니다.

나꼼수의 시청자는 한때 천만명이 넘었습니다. 주요 정치인들이 나꼼수 행사에 앞을 다투어 찾아갔지요. 나꼼수의 멤버들은 베스트셀러 저자가 되고 국회의원 후보로 공천받았습니다. 제가 만난 30대들이 이런 말을 하더군요. "나는 신문으로 정보를 얻는데, 요즘 10대 20대는 나꼼수에서 정보를 얻더라고요."

대한민국 정치인들이 나꼼수에게 온갖 아부를 떨면서 잘 보이려고 애썼습니다. 그러나 기독교 애국 세력은 거짓을 말하는 그들에게 선전 포고를 했습니다. 국민들에게 진실을 알리고 기도하면서 싸웠습니다. 그리고 이겼습니다.

지난 4.11 총선에서 주요 전문가들은 일제히 종북파가 포함된 연대 세력이 이긴다고 보았습니다. 종북 주사파가 연대를 통해서 종북 집권을 향해서 진격할 것처럼 보였습니다. 그 당시에 모 정당이 예상을 깨고 과반수를 차지하리라고 예측한 전문가는 거의 없었습니다. 안되는 싸움인 것 같았지만, 우리는 포기하지 않고 기도했습니다. 그 결과 종북이 포함된 세력의 국회 과반 점유를 저지했습니다.

우리가 이런 대단한 일을 했다고 자화자찬하려는 것은 아닙니다. 자만할 것은 없지만, 자부심을 가질 필요는 있습니다. 자랑할 일도 없지만, 승리의 공식을 다시 한번 확인하면서 자신감을 가질 필요는 있습니다. 하나님을 붙들고 말씀과 기도로 무장하여 끝까지 싸우면, 세계의 대세가 어떻든지, 한국의 대세가 어떻든지, 전문가들이 뭐라고 하든지 우리는 반드시 이깁니다.

사랑하는 여러분, 오늘이 우리가 2012년 대통령 선거를 위해서 싸울 수 있는 마지막 밤입니다. 누가 전쟁에서 이길까요? 끝까지 싸우는 자가 이깁니다. 누가 선거에서 이길까요? 끝까지 싸우는 자가 이깁니다.

오늘과 내일이 우리가 싸울 수 있는 끝입니다. 우리에게 허락된 마지막

전투의 시간입니다. 2012년에 대통령 잘못 뽑으면 이 나라가 공산화된다고 말씀하신 김준곤 목사님의 유언을 기억하며 최후로 싸워야할 마지막 밤입니다.

마지막으로 기도하는 이 밤을 우리는 마지막으로 만들어야 합니다. 이 밤이 종북 대통령 선출을 막는 마지막 밤이 되어야 합니다. 종북 정권 출범을 막는 마지막 밤이 되어야 합니다. 다음번 선거에서는 여당이 되든 야당이 되든 누가 되든지, 적어도 종북이 대권을 차지할까 염려하는 일은 없어야 합니다. 한반도의 공산화 프로그램이 시작되는 것은 아닌가 하고 애국 세력이 가슴을 졸이는 일은 없어야 합니다.

이 밤이 한반도의 공산화를 막기 위해서 기도로 투쟁하는 마지막 밤이 되어야 합니다. 이 밤에 우리는 기도로 싸워야 합니다. 이 밤에 공산화를 막는 최후의 승부수를 던져야 합니다. 오늘 기도로 승리하고 나서 다음부터는 종북 집권이니 공산화니 하는 끔찍한 기도 제목으로 더 이상 기도하는 밤은 없어져야 합니다.

이후로는 통일을 치고 나가야 합니다. 성서 한국과 예수 한국과 통일 조국을 위해서 새로운 싸움을 시작해야 합니다. 얼굴을 무릎에 파묻고 일곱 번 기도하는 국가 기도자들을 통하여 승리의 빗줄기가 조국의 강산에 내려지기를 주님의 이름으로 축원합니다.

기도로 승인 받은 나라

예레미야 33.3

너는 내게 부르짖으라 내가 네게 응답하겠고 네가 알지 못하는 크고 은밀한 일을 네게 보이리라

1948년 8월 15일 서울에서 대한민국이 건국되었습니다. 9월 9일에는 평양에서 '북조선 인민 민주주의 공화국'이라고 이름을 붙인 괴뢰 정부가 수립되었습니다. 한반도에 자리잡은 두 세력이 서로 우리가 정통이라고 주장했습니다. 국제 사회에서 정통성을 인정받기 위해서 남과 북이 최초로 맞붙은 외교전이 유엔 총회입니다. 우리 민족의 운명이 걸린 제 3차 유엔 총회는 프랑스의 파리에서 개최되었습니다.

　남북 대결이었다면, 대표단이 두 개가 되어야 하는데, 사실은 세 개였습니다. 남한, 북한 그리고 김구 선생이 만든 대표단이 있었습니다. 김구 선생은 대한민국 건국에 반대했습니다. 그리고 유엔이 대한민국을 승인하지 못하도록 대표단을 보내서 또 다시 방해하려고 했습니다.

　하지만 김구가 파견하려던 대표단의 단장 김규식 선생이 출발 직전에 단장직을 고사했습니다. 대표단의 일원이었던 서영해는 북한으로 넘어가서 김일성 편에 붙었지요. 이 점만 보아도 김구 선생의 실수를 확인할 수 있습니다. 물론 그분은 위대한 독립 운동가이셨습니다. 하지만 마지막에 공산 집단에게 이용당하셨습니다.

　남한과 북한, 그리고 김구 선생, 세 세력이 대표단을 보내려고 했는데, 김구의 시도는 불발로 끝났습니다. 북한은 대규모의 인원을 파견했습니다. 하지만 다행스럽게도 프랑스 정부가 북한 대표단의 입국을 거부했습니다. 북한은 아예 파리에 들어오지도 못했지요. 결국 대한민국 대표단만이 유엔 총회에 참석할 수 있었습니다.

　우리 대표단의 단장은 나중에 제 2 공화국의 최고 지도자가 되시는 장면(張勉) 박사였습니다. 그 당시에 장면은 별로 유명한 분이 아니었습니다.

국가의 운명이 걸린 중요한 일을 이승만 대통령은 이름도 알려지지 않은 무명 인사에게 맡긴 것입니다. 그런데 장면을 발탁한 이승만의 선택이 절묘한 한 수였다는 것이 나중에 밝혀집니다.

우리 대표단은 장면 박사를 단장으로, 신생 대한민국의 독립을 승인받기 위해서 활발한 활동을 벌였습니다. 그러나 소련을 비롯한 공산권의 방해가 만만치 않았지요. 소련 대표 비신스키는 독설가로 유명했습니다. 마이크를 한번 잡으면 기본이 세 시간입니다. 세 시간이고 네 시간이고 계속해서 지치지도 않고 미국과 이승만에 대해서 욕설을 퍼부었습니다.

한번은 비신스키가 연설을 하다가, 한국 대표단의 조병옥을 가리키면서 말했습니다. "저기 미 제국주의와 이승만의 개가 앉아있다." 이에 발끈한 조병옥이 받아쳤습니다. "저기 스탈린의 개가 짖고 있다." 서로 개라고 욕하면서, 국제회의가 개판이 되어버렸습니다.

소련이 구사한 주된 전술은 회의를 지연시키는 것입니다. 공산국가들끼리 짜고 발언권을 얻습니다. 그 다음에는 네시간이고 다섯시간이고 계속해서 한국을 비난합니다. 요즘 이 나라의 친북(親北) 세력들이 하는 얘기를 들어보면, 그때 공산권이 하는 말들과 비슷합니다.

대한민국은 미 제국주의의 식민지라느니, 당장 미군이 철수해야한다느니, 오늘날 친북파들이 떠드는 소리는 벌써 50년 전부터 공산주의자들이 하던 얘기입니다.

그러면 앉아있던 다른 나라 대표들이 듣다가 듣다가 지쳐서 밖으로 나가버립니다. 상당수의 대표들이 나가버리면 투표를 할 수 있는 인원이 부족해서 정족수에 미달이 되지요. 한국 대표들이 회의실 입구를 지키면서 다른 나라들이 못나가도록 안간힘을 썼지만, 소용이 없었습니다. 소련은 이런 식으로 회의를 지연시켜서 한국이 합법적인 독립 국가로 승인받지 못하도록 하려고 했습니다.

최근 종북이라고 지탄받는 정당의 회의 장면을 보면 몇 시간씩 말하는 것이나, 물리력으로 방해하는 것이나, 1948년의 공산권과 비슷합니다. 어쩌면 저렇게 똑같을까, 놀라게 하는 모습도 있습니다. 사상(思想)에도 유전자가 있나 봅니다. 같은 사상이 유전자처럼 들어가면 같은 행동이 나오니 말입니다.

1948년 9월에 시작된 유엔 총회는 12월 12일에 마칠 예정이었습니다. 드디어 총회 폐막을 하루 남긴 12월 11일이 되었습니다. 그날도 소련은 똑같은 전술로 대한민국 문제에 대한 표결을 다음날로 연기시켰습니다. 이제 하루 밖에 안남았습니다. 하루 안에 승인을 받지 못하면, 대한민국은 국제 사회에서 합법적인 정부가 될 수 없습니다.

근심과 걱정에 사로잡힌 채, 우리 대표단이 숙소에 돌아왔을 때, 장면 단장이 뜻밖의 말을 했습니다. "내일 새벽 3시에 하나님께 기도드리러 교회당에 가려는데 누구 동반할 사람 없겠소? 내가 3시에 전화를 걸테니 같이 갈 사람은 따라오도록 하시오."

유엔 총회가 시작된 지도 벌써 3개월이 지났습니다. 나라의 운명을 걸고 있는 힘을 다해 벌이는 외교전에 다들 지칠대로 지쳐있었습니다. 그런데 몇시간 못자고 새벽 3시에 기도하자고 장면이 제안한 것입니다. 다음날 새벽에 장면 박사와 모윤숙 여사가 기도하러 갔습니다.

독실한 신자였던 장면은 교회당에 들어가서 무릎을 꿇고 한 시간이 넘게 기도했습니다. 모윤숙 여사도 함께 무릎을 꿇었는데, 그동안 과로한 탓에 너무 무릎이 아팠습니다. 겨우 겨우 한시간을 채웠는데, 장면이 일어서더니 이렇게 말했습니다. "우리 다른 곳에 가서 기도를 더합시다."

무릎이 아파서 도저히 안되겠다고 했는데도 장면이 권유합니다. "큰일을 앞두고 그것도 못참아 어떻게 합니까?" 국민의 생명과 국가의 운명이 걸린 큰일을 앞두고 기도하자는데, 무릎 아프다고 안할 수도 없습니다. 장면과 모윤숙이 새벽 3시부터 아침까지 참으로 긴 시간을 기도하고 회의에 참석했습니다.

1948년 12월 12일 오후 3시 30분, 유엔 총회가 열리자마자 소련 대표 비신스키가 단 위에 올랐습니다. 그동안 해왔던 것과 똑같이 대한민국은 불법 국가라고 비난을 퍼부었습니다. '또 다시 몇시간이고 같은 소리를 하겠구나', 사람들이 벌써부터 지겨워합니다. 우리 대표단은 '이러다가 회의가 끝나겠구나', 하는 생각에 입술이 바싹 마르고 마음이 초조해집니다.

그런데 이상한 일이 일어났습니다. 눈을 번득거리며 팔을 들어 휘두르던 비신스키가 갑자기 연설을 중단하고 15분 만에 하단해버렸습니다. 몇 시간씩 소리를 질러도 끄덕없던 그가 갑자기 성대 이상을 일으킨 것입니다. 나중에 확인된 바에 의하면, 비신스키는 치통과 감기로 성대에 이상을 일으켜서 말을 할 수 없었다고 합니다.

원래는 비신스키가 세 시간쯤 발언하고, 그 다음에 다른 공산 국가에서 세 시간 또 끌어서 한국 문제를 아예 투표도 못하게 하려고 했습니다. 그런데 장면과 모윤숙이 기도한 그날, 비신스키가 갑자기 말을 못하게 되어서

15분 만에 퇴장해버렸습니다.

　공산 국가들이 갑작스런 일에 당황한 틈을 타서, 우리 대표단이 곧바로 투표하도록 제안했습니다. 결국 그날 유엔 총회는 찬성 48, 반대 6, 기권 1표로 대한민국을 한반도의 유일한 합법적인 정부로 승인했습니다.

　사랑하는 여러분, 이 승인이 대한민국을 살렸습니다. 이날의 승인이 있어서 오늘 저와 여러분이 김일성이 아니라 하나님을 아버지라고 부르면서 살 수 있습니다. 이 승인 때문에 6·25 전쟁이 났을 때 우리가 살아날 수 있었습니다. 유엔이 승인한 합법적인 정부를 불법 세력이 침략한 것을 유엔 16개국이 군대를 보내서 응징한 것입니다.

　군대를 보내서 도와준 나라가 16개국입니다. 그 외에 병원을 보내고 먹을 것을 보내고 입을 옷을 보낸 나라가 68개국입니다. 이게 기네스북에 있는 세계 신기록이지요. 한 나라가 위험해졌을 때 주변에 다섯 나라, 많으면 열 나라가 도와준 사례는 있습니다. 하지만 무려 68개국이나 되는 나라가 발벗고 나서서 도와준 사례는 대한민국이 처음이자 마지막입니다.

　누가 세계에서 가장 가난한 나라, 문맹율이 80%가 넘는 무지한 나라, 평균 수명 40세 밖에 안되는 비참한 대한민국을 돕도록 68개국의 최고 지도자들과 국회와 국민들의 마음을 움직였을까요? 저는 그것이 하나님이 하신 일이라고 믿습니다. 우리 조상들이 눈물로 기도했을 때, 하나님이 그 기도를 들으시고 이 나라를 지켜주셨습니다.

　대한민국이 대단한 강대국이 아닙니다. 아직도 부족한 점도 많고 엉망인 점도 많습니다. 이 나라에 살기가 힘들고 어려워서 이민 가고 싶은 마음이 들 때도 있습니다. 그럼에도 불구하고, 우리의 현대사가 자랑스러운 이유는 우리 역사의 뒤안길에 놀라운 기도의 간증이 있기 때문입니다.

불가능을 가능케 했던 하나님의 축복이 있기 때문입니다. 기도했던 선조들이 있고 응답하셨던 하나님이 계셔서 대한민국은 자랑스러운 저와 여러분의 조국입니다.

유엔 총회에서 기도했다는 이야기가 무슨 신앙 서적에 실려 있는 것이 아닙니다. 한국의 외교사를 기록한 일반 서적에 사실 그대로 기록되어 있습니다. 인간이 최선을 다하고 기도했을 때, 하나님이 도와주신 역사가 실제로 일어난 줄로 믿습니다.

오늘의 본문은 우리 역사에 딱 들어맞는 말씀입니다. **예레미야서 33장 3절을 봅시다. "너는 내게 부르짖으라 내가 네게 응답하겠고 네가 알지 못하는 크고 은밀한 일을 네게 보이리라."**

소련은 남한 면적만 놓고 비교하면 200배나 큰 나라입니다. 소련의 위성 국가들이 수십개국입니다. 그 나라들이 모두 합세해서 대한민국의 승인을 방해했습니다. 우리나라의 힘으로는 소련과 공산권의 반대를 이겨낼 수가 없었지요. 그런데, 우리에게는 소련과 전 세계의 공산권을 다 합친 것보다도 강력한 무기가 있었습니다. 그것은 기도였습니다.

나라의 운명을 걸고 우리의 선조들이 기도했습니다. 그 기도를 들으신 하나님이 소련 대표의 입을 막아버리셨어요. 한 마디도 못하게 만들었습니다. 그리고 대한민국을 승인받게 하셨습니다. 유엔 16개국의 군대를 받게 하셨습니다. 68개국의 지원을 받게 하셨습니다. 인간이 상상도 못하는 크고 은밀한 일이 우리 역사 속에서 실제로 일어난 줄로 믿습니다.

탈북자를 구출하는 일은 참으로 어렵습니다. 돈도 많이 들고 시간도 많이 들고 사람도 많이 듭니다. 때로는 목숨을 걸어야 하는 일입니다. 그런데 실제로 사역을 해보면, 가장 중요한 것은 기도입니다. 돈도 없고 사람도 없고 시간도 없는데, 기도하면, 기도의 분량이 채워지면, 기도해서 하나님이 역사하시면 반드시 됩니다.

작년 가을에 다급한 연락이 왔습니다. 탈북하던 여성이 중국에서 경찰에게 쫓기게 되었습니다. 다급해진 탈출 가이드와 브로커가 돈과 휴대폰을 다 가지고 도망쳐 버렸습니다. 북한을 탈출한 자매가 아들과 함께 행방불명이 되었습니다. 중국의 어딘가에서 노숙자 생활을 했습니다. 그 자매를 구출해달라고 연락이 왔습니다.

여러분, 이 부탁이 얼마나 황당한가요. 넓디넓은 중국 대륙에서 탈북노숙자를 무슨 수로 찾겠습니까?. 중국의 인구가 16억입니다. 16억 가운데 숨어있는 탈북민을 어떻게 찾아내겠습니까? 도저히 안되는 일입니다. 그런데 한국에 먼저 와 있는 탈북민들이 기도했습니다. 하나님이 역사해 주시도록 간절히 부르짖었습니다.

그 기도에 하나님이 응답하셨습니다. 노숙자 생활하는 탈북녀를 찾았습니다. 목욕탕 데려가서 다 씻기고 옷도 새로 사주고 휴대폰도 사주고 가이드도 붙여서 결국 탈출시켰습니다. 사람 찾아서 먹히고 입히고 탈출시키는 일이 불과 일주일 만에 끝났습니다.

저도 그 일에 관여했습니다. 그런데, 일이 끝나고 나서 저는 어떻게 이 일이 이루어졌는지 이해가 안되었습니다. 어떻게 한국보다 100배쯤 큰 중국 대륙에서 노숙하던 자매를 찾아냈을까요? 어떻게 그 자매에게 필요한 것을 다 갖추어주고 탈출시켰을까요? 어떻게 이 일을 일주일 만에 성사시킬 수 있었을까요?

그것은 제가 알지 못하는 크고 비밀한 일이었습니다. 그것은 사람이 한 것이 아니라 하나님이 하신 일이었습니다. "너는 내게 부르짖으라, 내가 네게 응답하겠고 네가 알지 못하는 크고 은밀한 일을 네게 보이리라." 이 말씀대로 기도할 때 하나님이 크고 비밀한 일을 이루셨습니다.

사랑하는 여러분, 하나님의 사람은 기도로 살아갑니다. 기도로 숨을 쉬고 기도로 힘을 얻고 기도로 인생을 풀어갑니다. 기도하는 자에게 사람이 상상하지도 못하는 하나님의 응답과 하나님의 축복이 내려집니다. 이 새벽에 기도하는 저와 여러분에게 하나님의 크고 비밀한 일이 나타나기를 주님의 이름으로 축원합니다.

하나님의 기적, 대한민국 건국 Ⅱ

조 판 발 행	2012. 7. 4.
증 보 개 정	2013. 12. 5.
4판 발 행	2020. 10. 1.
지 은 이	이 호
발 행 인	이 호
표지디자인	강해진
편집디지인	김정희
교 정	김성훈 정은이 성채린
펴 낸 곳	자유인의 숲
등 록 번 호	2018년 9월 21일 제 2018-05호
주 소	서울특별시 용산구 한강대로 52길 25-8 한준빌딩 4층
도 서 문 의	010-6801-8933
ISBN	979-11-90664-05-9

※ 이 책의 내용을 쓰고자 할 때는 저작권자와 도서출판
   '자유인의 숲'의 허락을 받아야 합니다

거룩한 대한민국 네트워크

홈 페 이 지   www.holykoreanet.com
페 이 스 북   www.facebook.com/holykoreanetwork